吉田松陰の士規七則

広瀬 豊

国書刊行会

松陰神社真景

松下村塾真景
(縁側に腰掛けているのは松陰の実兄)

右　松陰の母
杉　瀧子

左　松陰の兄
杉　民治

右　松陰の弟
杉　敏三郎

左　松陰の妹
児玉　芳子（元　千代子）

右　松陰の妹
楫取　壽子

左　松陰の妹
楫取　美和子（元　文子）

松陰先生は総て六人の兄弟妹を有し、杉民治氏、先生、千代子、壽子、美和子、敏三郎、艶子の順序なり。艶子夭して写真を留めず。敏三郎の容貌最も松陰先生に酷似すと言う。

（『日本及日本人』臨時増刊「松陰号」より）

まえがき

松陰の死と武士道

幕末の英傑吉田松陰（一八三〇～一八五九）は死に臨んで、神仏に救い（安心《あんじん》）を求めず、自らの信念を貫き、強靭な意志のもとに、見事なまでの死を全《まっと》うした。松陰三〇歳の若すぎる死は、まさに武士道の極致《きょくち》である。

また、死を迎える同じ年に愛弟子《まなでし》高杉晋作（一八三九～一八六七）の問いに答え、

「死して不朽《ふきゅう》の見込みあらば　いつでも死ぬべし
生きて大業《たいぎょう》の見込みあらば　いつでも生くべし」

死ぬことで大志が達成できるのであれば、いつ死んでもよいではないか。
生き抜くことで大業実現の見込みがあるのなら、生きて成し遂《と》げればよい。

と、手紙で血気にはやっての犬死を誡《いまし》め、活《い》きた死の大切さを教えた。すなわち、松陰が示す不朽の死とは、

「国のために命を惜しまないこと」

「国のためには死をも辞さない覚悟」

であった。それこそが活きた死である。久坂玄瑞《くさかげんずい》（一八四〇〜一八六四）とともに松下村塾の双璧と称された高杉晋作は、尊敬する師の期待をこめた訓戒にどれほど発奮し、使命感を高揚させたであろうか。

そして松陰は安政六年（一八五九）一〇月二七日、江戸伝馬町の獄で死を前に、

「われ今、国のために死す……」

と高吟し、幕府の手で殺されることで、自ら不朽の死を体現し、あとに続く志士たちの道《みち》標《しるべ》となった。

松陰と松下村塾

高杉晋作と久坂玄瑞は、安政四年（一八五七）に松陰が主宰する「松下村塾《しょうかそんじゅく》」に入門した。松陰二八歳、晋作一八歳、玄瑞一七歳であった。同年に入塾した主な者に野村和作（靖）、佐世八十郎（前原一誠）、品川弥二郎、伊藤利助（博文）などの俊秀がいる。入江杉蔵（九一《くいち》）、山県小助（有朋）らは翌年の安政五年の入塾組であった。

ところで松下村塾には、一〇年ほどの中断をはさんで前後四〇年余の歴史があり、松陰との関係で見るとき、三つの時期に分けられる。

（1）玉木文之進が開塾、主宰し、久保五郎左衛門が継承した時期（約一四年間）

松陰が一三歳の天保一三年（一八四二）に、叔父の玉木文之進（父の弟）が自宅で私塾を開き、「松下村塾」と名付け、近隣の若者を教導した。長州藩の藩校明倫館が士族だけであったのに対し、松下村塾は武士をはじめ農民や町民にも門戸を開いた。主宰の玉木文之進は文化七年（一八一〇）に杉常徳（七兵衛）の三男として誕生し、文政三年に玉木家の養子となった。山鹿流の兵学者である。

松陰は長州藩士杉百合之助（玉木文之進の兄）の次男で、六歳のとき叔父の吉田大助（山鹿流兵学師範）の養子となった。翌年に義父吉田大助が死去したため、松下村塾に通い、玉木文之進の指導を受けた。文之進は安政三年（一八五六）に吉田代官に任じられ、以後は各地の代官職を歴任し、名代官と言われた。松陰の外叔父久保五郎左衛門が玉木文之進を継承し、師弟の教導にあたった。

（2）松陰が主宰した時期（約二年間）

松陰は一一歳で藩主毛利敬親《もうりたかちか》（慶親《よしちか》）に御前講義「親試」を行うなど、その俊秀ぶりは幼少より高く評価され、将来を嘱望《しょくぼう》された。嘉永七年（一八五四）の三月に松陰は下田事件で罪に問われ、江戸から長州に移送され、萩の野山獄《のやまごく》に投ぜられた。そののち安政二年（一八五五）に出獄を許され、生家の杉家に幽閉の処分を受け、幽室で『孟子講義』『武教《ぶきょう》全書』などの講義を行う。吉田稔麿《としまろ》は安政三年に幽閉中の松陰のもとに入門した。松陰は安政四年（一八五七）に、松下村塾の名を引き継ぎ、杉家の敷地に「松下村塾」を開く。この安政四年に入塾したのが前述の高杉晋作以下の若者たちである。門人の修養の基本に「士規七則」を用いた。

翌年の安政五年に日米修好通商条約が締結されると、松陰は幕府を批判し、安政の大獄に座して捕らえられ、江戸に送られて刑死した。松陰の捕縛・死をもって松下村塾は幕を閉じる。松陰が松下村塾で次代を担う若者たちを薫陶したのは、わずかに二年余であった。塾の講師には松陰のほかに富永有隣《とみながゆうりん》がいた。有隣は野山獄で松陰と意気投合した仲である。

（3）玉木文之進が明治二年に再興し、明治二五年まで存続（約二四年間）

松陰が死を賭して示した大志は、志士たちに脈々と引き継がれ明治維新の大業が実現した。明治二年に玉木文之進は退隠《たいいん》し、松陰亡きあと閉鎖されていた松下村塾を再興して、子弟の教育に努めた。そして松下村塾の教育理念の根幹に、

「松陰の士規七則」

を掲げ、松陰直筆の士規七則を版木に彫り、塾内に掲示した。以来、士規七則は若者の生きる指針として、また武士道の在り方を示すものとして大切に伝えられてきた。明治九年(一八七六)、前原一誠らによる萩の乱に、養子玉木正誼《まさよし》(乃木希典の弟)や門弟の多数が参加した。文之進はその責任を取り、自害した。その後も松下村塾は存続し、明治二五年(一八九二)に閉鎖した。

「士規七則」にこめた松陰の思い

松陰が松下村塾を主宰し、若者たちを教えたのは二年という短期間であったことに驚く。それとともに、わずか二年の教導の中から幕末の志士や明治時代に活躍する幾多の人材を輩出したことに改めて驚嘆させられる。松下村塾の四天王と称された高杉晋作、久坂玄瑞、吉田稔麿《としまろ》、入江九一は松陰の教えを貫き、一人として明治維新の夜明けを見ずに死んでいる。これほどまでに若者を鼓舞し、訓育の成果をあげた松陰の教えの核心は何であったのか――。その一つが、

「士規七則を中心とする教え」であったことはまちがいない。まさしく「士規七則」こそが幕末から明治の若者にとって不朽の人生指針であった。

「士規七則」は安政二年一月に、松陰が萩の野山獄より従弟《いとこ》（玉木文之進の息子）の玉木彦介に与えたものである。松陰二六歳のときであった。発端は玉木文之進からの、

「息子彦介に何か、元服の祝いの言葉を示して欲しい」

との要請であった。松陰は日頃から思索していた「人の生きる道」のメモを、尊敬する叔父に示した。当初は六則であった。二人の間でメモの応答があり、士規七則が完成し、彦介の元服の折に渡した。松陰自筆の「士規七則」は三種類現存している。

乃木希典と士規七則

乃木家と玉木家は親しい間柄であり、乃木希典（一八四九〜一九一二）は玉木文之進に学び、

松陰直筆の「士規七則」を文之進から譲り受け、御守り同様に肌身離さず所持していた。しかし西南戦争の激戦中に紛失し、そののちは木版刷の「士規七則」を大事にしたという。

松陰自筆の士規七則を紛失した痛恨の思いと、松陰への思慕を示した一文が本書の附録六「山鹿素行先生を尊崇するに至りたる動機」である。さらに附録七「吉田松陰先生の薫化」を読むとき、乃木希典がいかに深く吉田松陰、そしてその教えの核心である「士規七則」に傾倒し心酔していたかがうかがわれる。

思えば大正元年（一九一二）九月一三日、明治天皇の大葬の日に、自宅で静子夫人とともに殉死した乃木希典の胸中には、

「死して不朽《ふきゅう》の見込みあらば　いつでも死ぬべし
生きて大業《たいぎょう》の見込みあらば　いつでも生くべし」

との、松陰の教えが脈々と示されていたと言える。乃木希典の殉死を「武士道精神の発露」と受け止めるとき、その源泉に、

「吉田松陰の教え」

「松陰の教えの根幹としての士規七則」があることに、改めて思い至るのである。

本書の骨子は、著者の広瀬豊が昭和一〇年（一九三五）四月二〇日より二五日までの五日間、日本放送協会（ＮＨＫの前身）から放送した講話である。放送は大好評であった。同年七月に日本放送出版協会から『松陰先生士規七則』と題して発行されると話題を集め、版を重ねた。さらに、昭和一四年に東京武蔵野書院から『海軍大佐広瀬豊講述「士規七則」』として出版され、これも好評裡に版を重ねた。

このたびの復刊にあたっては、武蔵野書院版をもとに、左記のように編集した。

①旧漢字旧仮名遣いを新漢字新仮名遣いに改めた。但し、附録五は旧仮名遣いのままとした。

②差別用語に配慮し、一部を補った。

③難字にはルビをふり、難解な言葉には（　）で意味を補った。

④本文中に小見出しを付した。

⑤口絵に『日本及日本人　臨時増刊　吉田松陰号』（第四九五号、明治四一年一〇月刊）所載の貴重写真を収録した。

⑥附録に、武蔵野書院版で削除された「武士道論」を日本放送出版協会本より収録し、併せて「乃木希典の士規七則講話」「山鹿素行先生を尊崇するに至りたる動機」「吉田松陰先生の薫化」の三つの論述を、『日本及日本人　臨時増刊　吉田松陰号』などから収録した。

⑦以上のように、本書は「吉田松陰の士規七則」に関連する解説や論述を集め一書としたため、「士規七則」や松陰の詩句がくりかえし掲載されていることをあらかじめお断りする。

平成二五年五月

国書刊行会

目次

目次

その後の用猛二回

序

身はたとえ武蔵の野辺《のべ》に朽《く》ちぬとも　留《とど》め置《お》かまし大和魂《やまとだましい》

いまわが国は古今未曾有の大難局に遭遇している。しかし、僕は古来日本の歴史が証明するように、大和魂さえあれば、いかなる難局でも克服することができると考える。しからばその大和魂を磨くには何が一番よいか？

もちろん、吉田松陰先生の「士規七則」におよぶものはあるまい。この意味において、これが普及は実に国難突破の最急務であると信ずる。

筆者は、去る昭和一〇年四月二〇日より二五日まで、五回にわたりてこの「士規七則」を放送したことがあるが、いま当時の原稿をとりて見るに、吉田先生の精神を伝えるにおいて少しも変更するを要しない。ゆえに今回、武蔵野書院主の熱望により出版することにした。

昭和一四年正月吉日

広瀬　豊

士規七則（現代文・原文・書き下し）

書物にあふれる偉大な言葉は、人の気持ちを奮い立たせる力がある。しかし、今の人々は書を読まず、読んでも実行しない。もしもきちんと読んで実行したならば、千万世《せんばんせい》といえども受け継ぐに足る偉大な教えがある。ああ、何をか言うべきか。

そうは言っても、良き教えを知れば、どうしても伝えたくなるのが人情である。だから古人はこれを古《いにしえ》に述べ、私は今これを述べる、また何を憂えることがあろうか。ここに「士規七則」を作る。

【原文】披二繙冊子一。嘉言如レ林。躍々迫レ人。顧人不レ読。即読不レ行。苟読而行レ之。則雖二千万世一不レ可レ得レ尽。噫復何言。雖レ然有レ所レ知焉。不レ能レ不レ言。人之至情也。古人言二諸古一。今我言二諸今一。亦詎傷焉。作二士規七則一。

【書き下し】冊子《さっし》を披繙《ひはん》すれば、嘉言《かげん》林のごとく、躍々《やくやく》として人に迫る。顧《おも》うに人読まず。即《も》し読むとも行わず。苟《まこと》に読みてこれを行わば、則ち千万世《せんばんぜい》といえども、得て尽くすべからず。噫《ああ》、復《ま》た何をか言わん。然《しか》りといえども知る所あり、言わざること能《あた》わざるは人の至情《しじょう》なり。古人これを古《いにしえ》に言い、今、我《われ》これを今に言う。またなんぞ傷《やぶ》らん、士規七則を作る。

一つ、およそ、人として生まれたならば、人が鳥や獣と違う理由を知らなければならない。思うに、人には、人として守るべき五つの道理があり、そのなかでも君臣と父子の関係が最も重要である。ゆえに、人が人であるための基本は忠と孝である。

【原文】 一、凡生為レ人。宜レ知四人所三以異二於禽獣一。蓋人有二五倫一。而君臣父子為二最大一。故人之所二以為一レ人、忠孝為レ本。

【書き下し】 一《ひとつ》、凡《およ》そ、生まれて人たれば、よろしく人の禽獣《きんじゅう》に異なるゆえんを知るべし。けだし人には五倫《ごりん》あり、しかして君臣父子を最も大《おお》いなりとなす。ゆえに、人の人たるゆえんは忠孝を本《もと》となす。

一つ、日本に生まれたのであれば、まず日本の偉大なるところを知るべきである。日本は万世（万葉）一統の国であり、地位ある者たちは歴代にわたって責任ある禄位《ろくい》を世襲し、人君《じんくん》は民を養いて先祖伝来の功業を継ぎ、臣民は君に忠義を尽くして祖先の志を継いできた。君臣が一体であり、忠孝を一致して実行しているのは、ただわが国においてのみである。

【原文】 一、凡生二皇国一。宜レ知四吾所三以尊二於宇内一。蓋皇朝万葉一統。邦国士大夫世襲二禄位一。人君養レ民。以続二祖業一。臣民忠レ君。以継二父志一。君臣一体。忠孝一致。唯吾国為レ然。

【書き下し】

一《ひとつ》、凡《およ》そ、皇国《こうこく》に生まれては、よろしくわが宇内《うだい》に尊きゆえんを知るべし。けだし皇朝《こうちょう》は万葉《まんよう》一統にして、邦国《ほうこく》の士大夫、世々《よよ》に禄位《ろくい》を襲《つ》ぐ。人君は民を養いて、祖業を続《つ》ぎたまい、臣民は君に忠して父志《ふし》を継ぐ。君臣一体、忠孝一致なるは、ただ、吾が国を然《しか》りとなす。

一つ、士の道において、義より大事なものはない。その義は勇によって行われるものであり、勇は義によって育つのである。

【原文】一、士道、莫レ大二於義一。義因レ勇行。勇因レ義長。

【書き下し】一《ひとつ》、士の道は義より大《おお》いなるは無し。義は勇によりて行われ、勇は義によりて長ず。

一つ、士の行いは質朴実直にして、人を欺《あざむ》かないことが最重要で、巧みに人をだまし、偽ることを恥とする。人として光明正大がいかに大事であるかは、皆これを原点としている。

【原文】一、士行、以二質実不一レ欺為レ要。以二巧詐文一レ過為レ耻。光明正大。皆由レ是出。

【書き下し】一《ひとつ》、士の行いは質実にして欺《あざむ》かざるをもって要《よう》となし、巧詐《こうそ》にして過《あやま》ちを文《かざ》るをもって恥となす。光明正大、皆これより出づ。

一つ、人として生きながら、古今の真実に通ぜず、聖賢を師として学ばなければ、くだらぬ人物となってしまう。だから読書して古人を友とするのは君子の大事なつとめである。

【原文】 一、人不レ通二古今一。不レ師二聖賢一。則鄙夫而已。読レ書尚友。君子之事也。

【書き下し】 一《ひとつ》、人、古今に通ぜず、聖賢を師とせざれば、すなわち鄙夫《ひふ》のみ。書を読みて尚友《しょうゆう》するは君子の事なり。

一つ、完成した徳を得たり、広く物事に通じる才能を育てるには、良き師の教導と、良き友との切磋琢磨がどれだけ必要か。だから、君子は交遊を慎むのだ。

【原文】 一、成㆑徳達㆑材。師恩友益居㆑多焉。故君子慎㆓交遊㆒。

【書き下し】 一《ひとつ》、徳を成し、材を達するには、師恩友益《しおんゆうえき》の多さに居《い》る。ゆえに君子は交遊《こうゆう》を慎む。

一つ、死してのちに已《や》むの四字は、言葉上は簡単であるが、意味するものは遠大である。堅忍果決で、何事にも動ぜざる者になるためには、この言葉を置いて他にない。

【原文】一、死而後已四字。言簡而義該。堅忍果決。確乎不レ可レ抜者。舎レ是無レ術也。

【書き下し】一《ひとつ》、死してのちに已《や》むの四字は、言簡《ことかん》にして義該《ぎか》ぬ。堅忍果決《けんにんかけつ》、確乎として抜くべからざるものは、これをおきて術《じゅつ》なきなり。

この士規七則を要約すれば三点である。すなわち、志を立てて万事の原点とし、友を選んで仁義の行を助け、読書によって聖人の訓《おしえ》を学ぶ。士たる者、もしもここに得ることが有れば、また人と成るに足るであろう。

【原文】 右士規七則。約為㆓三端㆒。曰、立㆑志以為㆓万事之源㆒。撰㆑交以輔㆓仁義之行㆒。読㆑書以稽㆓聖賢之訓㆒。士苟有㆑得㆓於此㆒。亦可㆔以為㆓成人㆒矣。

【書き下し】 右の士規七則、約して三端《さんたん》となす。曰く、志を立てて万事の源となし、交わりを撰びて仁義の行いを輔《たす》け、書を読みて聖賢の訓《おしえ》を稽《かんが》える。

士まことにここに得ること有らば、またもって成人と為すべし。

二十一回猛士手録

（吉田松陰先生の花押）

第一回講話　士規七則の由来

私のこの講話は、はじめに「士規七則」ができました由来を述べまして、次に内容の説明に移りたいと考えます。

松下村塾の五〇名の門人から、多数の英傑を出す

吉田松陰先生という方は、だいたいどんな方でありますかと申しますれば、明治維新の際に功労のありました、長州出身の有名な方々、たとえば木戸《きど》孝允《たかよし》（この方は死後、従一位を贈られ、子孫に侯爵を授けられました）、公爵伊藤博文、公爵山県有朋、伯爵山田顕義《あきよし》、子爵品川弥二郎、子爵野村靖（和作）、男爵松本鼎というような人々は、みな先生の門人でありました。

なおこのほかに、門人で位をいただいた人々が十数名。また維新前に国事に斃《たお》れ、その功によりご贈位にあずかった人々が、久坂玄瑞、高杉晋作をはじめ、十数名おります。五〇名ばかりの門人のなかで、かくも多数の英傑を出した点より見ましても、どんなに偉い先生であったかは、ほぼ想像ができましょう。だから、今日神社に祀られ、神さまとなっておられます（靖国神社に祀られているほか、吉田松陰を祀る松陰神社は山口県萩市および東京都世田谷区にある）。

吉田松陰先生は、今（昭和一〇年）から一〇〇年あまり前の天保元年（一八三〇）に、今の山口県、昔は長州と申しましたが、萩の郊外松本村に生まれた人で、杉百合之助という武士の次男であり、のちに叔父の吉田大助という方の養子となりました。本名は吉田矩方《のりかた》、通称は寅次郎、字《あざな》は義卿《ぎけい》、または子義《しぎ》といい、松陰《しょういん》は号であります。また二十一回孟士とも号しました。偉い方でありましたが、惜しいかな、三〇歳で亡くなられました。

はじめ二二歳ごろまでは、長州藩の兵学師範でありまして、今日で申せば陸海軍大学の、兵学教官のようなものであります。しかし、のちにはこれを辞めて、松下村塾という、小さな私塾の先生でありました。そのころは、兵学ばかりでなく、文学にも通じ、就中《なかんずく》、武士道につきましては、最も造詣深い方でありました。

どういう精神で、門人を教育されたかと申しまするど、一言で言えば、尊皇攘夷《そんのうじょうい》の精神であります。尊皇ということは、日本国民として、当然のことでありますが、そのころは、徳川幕府が政権を握っておりまして、外国との条約の一件では、特に、天皇様の思し召しにそわなかったので、松陰先生は、それではいかぬ、なにごとも皇室を尊んで、天皇様のご命令通りにせねばならぬ、と申されたわけであります。

吉田松陰の攘夷思想の根元は「武士道」

攘夷とは、今から見れば、時代おくれのように思われますが、その時勢（時代の趨勢。世のなりゆき）と意味とを、よくよく詮索してみれば、きわめて当然のことで、その原則は今日でも立派にあてはまるのであります。思うに、一七～八世紀から一九世紀にかけて、西洋諸国がどしどし東洋を侵略して参りまして、インドでも、南洋でも、シベリヤでも、皆その当時に侵略されたのであります。そのうちに中国も怪しくなってまいりました。

こういう勢いで、日本にも迫って参ったのでありますから、たとえ名前は日米和親条約でも、これまでの経験から、日本のみ、真の和親条約である、と考えることのできないのは当然であります。現に、北海道の一部も対馬も琉球も小笠原も、怪しかったのです。特にアメリカのごときは、軍艦数艘を派遣してどんどんわが国法を破って侵入してまいりまして、アメリカの言い分を聞かなければ開戦をも辞さない、と息巻いておったのであります。

嘉永六年（一八五三）の六月、ペリーが浦賀に参りましたときに、松陰先生はちょうど江戸におられましたが、その報せを聞くやいなや、江戸から浦賀に飛んで行って、その有様を実見し、涙を流して悲憤慷慨《ひふんこうがい》し、わが神国《しんこく》に対するこの無礼は何事か、この怨み晴らさずんば、死しても瞑目《めいもく》することはできぬ。七度《ななたび》人間に生まれて、この賊を滅ぼさんと決心されたのでありました。

先生の考えから申せば、他国に来て、その国法を蹂躙《じゅうりん》し、武力をもって、国家の独立権に屈辱を加えるような、礼儀を解しない国、これを野蛮国すなわち「夷《えびす》」と申します。それでありまするから、これほどの無礼を許しておくことは、人道に反する。かならずこれを懲らして、改心させねばならぬというのが、先生の攘夷であります。もっとも夷《えびす》でも、改心さえすれば、文明人であって、文明人は互いに仲良く、平等に交際しようというのでありまして、けっして頑冥不霊《がんめいふれい》（かたくなで物事や道理にくらく、無知なこと）な申し分ではありません。ゆえに、先生の本来の議論は開国主義でありまして、鎖国主義では攘夷はできるものではないとも申されました。すなわち鎖国どころではない、むしろわれより進んで、世界を相手として積極的外交により、実力をもって世界を制御し、全世界に雄飛しようというのでありました。

今日、世界の形勢を見ますれば、今でも思想上には、ずいぶん先生のいわゆる夷《えびす》もいるようであります。海の彼方此方《かなたこなた》に排日排日の声がしますのは、何でありましょうか。ここに攘夷の必要がないとは申されないでしょう。積極的外交をやるというのも、以上のようなわけで、尊皇攘夷は無用の戯言《ざれごと》ではありません。否、今日においても、最も必要な考えでありま す。

この尊皇攘夷思想の、よって起こる根元は何かと申せば、先生の武士道であります。その武士道を簡単明瞭に箇条書きにして、門人教育の綱領《こうりょう》としたのが、この「士規七則《しきしちそく》」であります。ゆえに、前に述べました長州出身の偉い方々は、皆この「士規七則」で養われたと申してもよろしいのであります。のみならず、維新後でもこれを知る限りの人は信仰いたしました。

乃木希典将軍と士規七則

ことに、乃木希典《のぎまれすけ》将軍のごときは、若きときから松陰先生自筆の「士規七則」を、玉木文之進先生から頂いて、お守りのように肌身離さず身につけておられたが、西南戦争のときに失って、非常に残念がられ、そののちは木版刷りの「士規七則」を持っておられました。乃木将軍のお話のなかに、

この士規七則というものは、なによりも大切なものと尊信しておりましたが、明治一五年に至って、軍人に賜りました「勅諭《ちょくゆ》」の五ヵ条を拝しましたのちは、この先生の士規七則の木版刷りを、額にいたしたのを一枚と、勅諭の掛け物一幅、これのみを、自分

の家におきまして常に掲げております。

と。これで乃木将軍の精神もまた、もとは全くこの士規七則によって、鍛錬されたことが分かりましょう。

士規七則が作られた由来

この士規七則が作られたのは、松陰先生が二六歳のときで、萩の野山獄《のやまごく》という牢屋に入っておられたときであります。先生はなぜ牢屋などに入れられたのかと申しますると、このことは終わりに詳しく述べますが、皆様よくご承知の、いわゆる下田事件のためであります。それは嘉永七年（一八五四）春の出来事でありまして、いったん江戸で牢に入り、さらに郷里の萩の野山獄に移されましたのは、同年の暮れでありました。その後、先生は獄中で日本の形勢を心配しながら、読書や作文に専念しておられました。

翌年の安政二年（一八五五）の正月五日は、ちょうど先生の大事な師匠でもあり、また、叔父にもあたる玉木文之進先生の息子の玉木彦介という人（松陰先生の従弟にあたる）、この人はのちに国事に斃《たお》れましたが、功により正五位を贈られました。(五日の)当日はこの彦介の満一五歳の誕生日にあたります。昔は一五歳になれば、一人前の男子となったお祝いがあります。すなわち元服と申します。そのお祝いに贈られましたのが、この士規七則でありま す。

もっとも、その文章は武士道一般の憲法でありまして、かならずしも彦介のためのみに限られたものではありません。初めできたときは六ヵ条、すなわち六則でありまして、のちに七ヵ条、すなわち七則になったのであります。従来、この士規は正月五日に贈ったものと思われておりましたが、最近になりまして、実はずっとのちに贈ったことが明らかになりました。現に、彦介の元服を祝うという先生の歌も、正月一一日付になっております。その歌は、

今日よりぞ幼心《おさなごころ》を打ち捨てて　人と成《な》りにし道を踏めかし

かくのごとく、はじめは彦介に書いて与えたのでありましたが、そののち先生が許されて牢から実家の杉家に帰り、ついで、松下村塾で門人を教えられましたときに、この「士規七

則」をもって門人の修養に用いたものであります。

松陰肉筆の三種類の「士規七則」

今日、松陰先生の肉筆で残っておりますものは三種類あります。すなわち、東京の大谷家、萩の松陰神社、萩郊外の藤井家に保存されているものがそれであります。そのほかに木版刷りが一つありまして、文章は皆、多少異なっておりまするが、意味精神は同一であります。今度、ここに用いましたものは、もとは松下村塾に掲げてありました先生の肉筆を、門人たちが木版刷りにして、分けたとされるものであります。のちに乃木将軍が持っておられたものと同一で、最も広く世に知られているものであります。

本日はこれで終わりまして、この次から、内容の説明に移ります。

第二回講話　序文および第一条

本日より、「士規七則」の内容の説明をいたします。その前に、「士規七則」の読み方および説明の仕方について、一応申し上げておきます。

松陰先生の読み方に最も近い安藤紀一翁の読み方

元来、この士規七則の原本は漢文でありまして、ここに掲げましたものは、便宜のために書き下したものであります。この読み方は従来、人により、いろいろと違っておりましたが、一定いたしませんと、都合の悪いこともありますので、なるべく一定したいと思います。

私の読み方は、この道の老大家である萩の安藤紀一翁の読み方で、われわれ後輩はこれによるのが最も良いと思われます。人によって多少の異論もありましょうが、それでは際限がありませんから、今後はなるべくこう読みたいと考えます。

一体安藤翁は本場の萩に生まれ、萩に育って、六〇余年間、熱心に研究された結果、この読み方に達せられたのでありまするから、昔の松下村塾の読み方に、最も近いはずであります。すなわち松陰先生が教えられた読み方に最も近いはずであります。私はこの意味で、安藤翁の読み方を特別にありがたいものと思うものであります。漢文は意味さえ分かれば、どう読んでも良いようなものでありますが、こういう経典《けいてん》（聖人・賢人の書き表した書）になりますと、そうは行かぬように考えます。

次に、説明の仕方について、ご了解を願っておきたいことは、松陰先生は士規七則を書かれましたのちに、年一年と学問も思想も進んでまいりましたので、後年になるほど武士道についての考えも、またその言い表し方も、よほど進んでいることがいろいろの著述に見えます。ゆえに、この士規七則の説明の仕方は、本来ならばその作られた当時の思想をもって説明し、それにその後の変化を付け加えて、両者の区別を明らかにすべきだと考えますが、今回は時間の余裕がありませんので、とても正式にはできませんから、当時の思想も、後年の思想も、一緒に交《まじ》えて説明いたしますから、その点どうぞご諒解を願います。

序文は「七ヵ条の武士道の綱領」

さて、いよいよ説明に入りますが、前の短い文章は序文でありまして、この士規七則を書いた理由を説明したものであります。それから、七ヵ条にわたって武士道の綱領が述べてあります。全体としまして、まことに簡単明快な文章で、かつこれほど要領の良い、武士道の憲法は他にはありません。

七ヵ条の内容は、まず前提として武士道の倫理上の地位を明らかにするために、

第一条に、人倫の大道を述べ、

第二条に、日本道徳を述べ、

第三、第四条を、本論として、武士道の原則を述べ、

第五、第六、第七条に、武士道修養の方法と覚悟とを説いています。

表題の士規七則、これは読んで字のごとく、武士道憲法七ヵ条という意味であります。また武士道という字は今日で申せば、軍人の道徳、すなわち軍人精神と符合するものでありますが、真の意味は独り軍人精神ばかりでなく、もっと広く、立派な日本人としての道徳、たとえば日本魂とか、あるいはまた君子道とか、紳士道とか称すべきものであります。

序文を読みます。

冊子《さっし》を披繙《ひはん》すれば、嘉言《かげん》林のごとく、躍々《やくやく》として人に迫る。顧《おも》うに人読まず。即《も》し読むとも行わず。苟《まこと》に読みてこれを行わば、則ち千万世《せんばんせい》といえども、得て尽くすべからず。噫《ああ》、復《ま》た何をか言わん。然《しか》りといえども知る所あり、言わざること能《あた》わざるは人の至《し》情《じょう》なり。古人これを古《いにしえ》に言い、今、我《われ》これを今に言う。またなんぞ傷《やぶ》らん、士規七則を作る。

この意味は、書物を展《ひろ》げてみれば、善い言葉が林のごとくたくさんあって、ひしひしとわれわれの心に迫ってくる。しかるに人びとは、この目前にあるたくさんの善い書物を読まないようである。またもし、読む人があってもその通りに実行しないようである。ほんとうに読んで、その通りに行ったならば、千万年たっても尽きないほどたくさんある。だからわれわれがその上に、別に余計なことを付け加える必要もないが、人というものは知ったからには言わずにいられないものである。されば昔の人も、いろいろと言っているし、今日、私もまたいささか余計なことを言っても、あえて差し支えなかろう。

この士規七則も、もう皆、昔の人びとの言ったことばかりであるが、右のような次第で作ったのである、とたいへん謙遜されたのであります。

人間と禽獣との違い

次に、本文の第一条であります。読んでみます。

一《ひとつ》、凡《およ》そ、生まれて人たれば、よろしく人の禽獣《きんじゅう》に異なるゆえんを知るべし。けだし人には五倫《ごりん》あり、しかして君臣父子を最も大《おお》いなりとなす。ゆえに、人の人たるゆえんは忠孝を本《もと》となす。

大体におきまして、これは「人道とはなんぞや」ということを述べたものであります。詳しく申せば、人に生まれた以上は自分が人間であるということを、覚らなければならぬということで、これを覚りますのには、自分たち人間と禽獣とは、どこが違っているかを比べて見るのが、一番よいと申されたのであります。

この考えは、もとは中国の賢人孟子の考えでありまして、松陰先生がこれを応用されたのでありまするが、すこぶる重大なことでありまして、人間はなんのために生きているのかというようなことを、知ろうとするものは、必ず、この点から考え起こさなければなりません。されば西洋の賢人ソクラテスのごときも、「汝自身を知れ」

と、同じ意味のことを申しております。

さて、人間と禽獣との差は、人間には人の道というものがありまして、それが良く行われているからこそ、人間であります。もし、人の道を行わなければ、それは真の人間ではない。この人の道を礼儀とも申します。それで先に攘夷論のところで申しましたように、人の道を無視し、礼儀をわきまえない国民は、下等な人間であるというわけで、夷《えびす》と申すのであります。

人の道の「五倫《ごりん》」のなかで、一番大切なのは忠と孝

では、人の道とはなにかといいますと、「けだし人には五倫《ごりん》あり」と記してありますることく、人には五つの関係において、踏み行うべき道が定まっております。五つの関係とは君臣関係、親子関係、兄弟関係、夫婦関係、朋友関係の五つであります。そしてその規則と申しますのは、君臣においては忠、父母には孝、夫婦には和、兄弟には友、朋友には信であります。この五つの規則を五倫と申します。

その規則は誰が決めたかと申しますると、人間が作ったのではない、天が決めたもの、すなわち天道《てんどう》であります。これを発見しましたのは、古来からの聖人賢人たちで、いわゆる天才的聡明者が発見しまして、かつ幾千年の実験上、全く間違いのないものとなっておるのであります。すなわち、「古今に通じて謬《あやま》らず、中外に施して悖《もと》らざる」ものであります。

そのなかで一番大切なものは、忠と孝とであります。それで、人の人たる所以《ゆえん》は、忠孝が本でそのほかは皆、それから自然に出てくるものであります。それでありまするから、忠孝さえわきまえておれば、人間と申してよろしいというわけであります。

なぜ忠孝が一番大切かと申しますれば、忠孝はともに自己の生命を振り返ってみて、その生命の根元を培《やしな》う所以《ゆえん》であるからであります。これこそ、人間において最も直接なる、また最も根本的なるものと、言わねばなりません。ゆえに、古来東西の聖賢の教えは皆忠孝をもって、道徳の第一に置いてあります。就中《なかんずく》、日本の教えは神代《かみよ》より今日にいたるまで、また、今後も永劫にわたりて、忠孝の教えをもって一貫しているのであります。

しからば、この最も大切な忠孝が人の心に感じてくる次第はなにか、と申しますると、松陰先生は恩義に感ずる人情である、と申しておられます。この純粋な人情があれば、その恩義に報いずにいられなくなります。そこで真人間である以上は、純粋の人情から自然に忠孝が行わなければならぬという自覚が、出てまいります。それでありまするから、忠孝の教えはその根本の人情を養うことが、最も大切なる土台となるわけであります。

今日はこれで終わります。

第三回講話　第二条

日本人とはなんぞや?

本日は第二条からであります。この条だけを読んでみます。

一《ひとつ》、凡《およ》そ、皇国《こうこく》に生まれては、よろしくわが宇内《うだい》に尊きゆえんを知るべし。けだし皇《こう》朝《ちょう》は万葉《まんよう》一統にして、邦国《ほうこく》の士大夫、世々《よよ》に禄位《ろくい》を襲《つ》ぐ。人君は民を養いて、祖業を続《つ》ぎたまい、臣民は君に忠して父志《ふし》を継ぐ。君臣一体、忠孝一致なるは、ただ、吾が国を然《しか》りとなす。

この条項は、わが国体を説き、日本人としての道を説かれた点で、松陰先生の最も力を入れておられるところであります。

第一条で、人間とは何ぞやという自覚を呼び起こしましたから、今度は、日本人とは何ぞやということが、問題になってまいるのであります。すなわち、およそ日本人たる者は、日本の日本たる所以《ゆえん》は、いずこにあるかを知らねばならぬ。これを知らねば、日本人ではないのであります。

日本の日本たる所以《ゆえん》は、

第一に、この日本は万世一系の天皇様を奉じて、天地とともに極まりなきこと。

第二に、臣民もまた先祖代々臣民として、これまた天地とともに極まりなきこと。

第三に、その天皇様は御代々、ご先祖のご精神を嗣《つ》ぎたもうて、永久にお変わりあらせられないこと。

第四に、臣民は天皇様に忠義を尽くして、先祖以来の志を継いでいること。

この四つであります。それでありまするから、忠と孝とは必ず一致すべきものであります。これが、すなわち日本の万国に卓越している点であります。

忠孝一致の可能な国、不可能な国

さて、この忠孝一致の理論は、さらに説明を要すると思います。元来道徳というものは、元は一つの道理でありまして、忠と孝、そのほかすべての道徳が、互いに反対すべきものではありません。しかるに、国の性質上、それが一致しない国もあります。たとえば君主の血統が永く続かない国では、忠孝は一致いたしません。なぜかと申しますと、親が忠義を尽くしておりました君主を、子は必ずしも君主としないことにもなりますから、それでは忠と孝とはいつも一致するとはかぎらないのであります。

これは君主国体には限りません。共和国体のごとき、自然に親と子とを争わしめるような政治組織では、忠孝は一致できないのであります。これらの国では、ひとり忠孝不一致のみならず、したがってその他の道徳も、一致しないことになりますから、こういう国柄は道徳が完全に行われ難い国で、理想的の国家とは申されないのであります。

また、日本のような家族的国家でなければ、完全なる忠孝一致は不可能であります。なぜならば家族的国家なればこそ、君臣ともに祖先を同じうしておりまするから、忠も孝も同じであり、親子互いに相争うこともないわけであります。つらつらわが建国以来の歴史を見ますると、皇統連綿として、天壌《てんじょう》（あめつち。天地）とともにきわまりなく、臣民もまた天壌無窮で、忠孝一致しているわけが、極めて明確であります。のみならず、われわれの祖先は、天皇様のご先祖様のお産み下さいましたもので、代々数千年の間、ひとえに天皇様の御力によりまして、今日に至ったのであります。ゆえに、われわれがわれわれの先祖の志を受け継いでまいりますれば、それが忠であり、同時に孝であります。

この点において、松陰先生のごときは忠孝一致のよき手本であります。すなわち先生の行動は、全くお父様の志を嗣いだものであったことが、極めて明瞭に諸種の文書に残っております。たとえば安政六年（一八五九）五月、先生が萩を出発の際、お父様に訣《わか》れ奉《たてまつ》る詩のごとき、

「今度こそお父様の、尊皇攘夷の志を達して、いささか永年の御教訓に、報い奉る決心であります」

と、申しておられます。

日本におきましては、以上のごとくでありますが、昔中国の聖人賢人たちは、しきりに忠孝一致を説いておりますが、惜しいことに中国ではそれが実行できなかったのであります。ひとり中国のみでなく、世界中いずれの国か、日本のごとく完全に忠孝一致してまいった国がまたとありましょうか。つまり、古来人道を完全に行ってきた国は、ただわが日本のみであります。また実際、三千年の長い間、人間の最高道徳を立派に行ってまいりました堅固なる意志は、驚くべきものと申すほかに形容の言葉はありません。まことに人類の歴史上、唯一無二の事実であります。第二条の終わりの、

「ただ、吾が国を然りとなす」

とは、このことであります。

国体の淵源は御神勅、すなわち勅命

この国体の淵源をなしますものは、実に、

「宝祚《ほうそ》（天皇の位。皇位）の盛えまさんこと、天壌とともに、窮まりなかるべし」

と仰せられました。天照大神《あまてらすおおみかみ》のご意志、すなわち御神勅《ごしんちょく》でありまして、この神のご意志（御神勅）が日本の日本たる所以《ゆえん》であります。御代々の天皇様はこの御神勅を、そのままにお伝えあそばさるるのでありまして、われわれは如何なることがありましても、その天皇様の御命令、すなわち勅命に反《そむ》いてはなりません。なぜならば、ただ今の天皇様の勅命に背くことは、天照大神の御神勅に背くことでありまして、日本の日本たる所以の第一条を破壊し、日本を根本から亡ぼすものであるからであります。

また、これに反しまして、たとえ天皇様のご命令に従ったために、万一、形の上では日本国が亡びることがありましても、形は亡びてもやむを得ないのであります。なぜならば、勅命に従うということが日本なのであります。勅命に従い奉らずに、日本国が形の上だけで栄えたとしましても、それは、もはや日本国ではありません。日本と違った国が別にできたのであります、と、松陰先生は考えておられました。

されば、先生は後年幕府が勅命に従わずに、米国と通商条約を結びましたときに、長州藩の役人どもが、今にも天皇様の攘夷の思し召しがお変わりになるかも知れないから、しばらく天下の形勢を見ていたらどうだ、という意見がありましたときに、先生は、ただ今はただ今の勅命を奉じておればよい、もし後で思し召しがお変わり遊ばされたならば、また、その通りに行えばよい。これが日本人の第一義である。なにも躊躇する必要はない、と意見を上申されております。

国体論についての質疑応答――斎藤栄蔵

次に、国体論について一例を申し上げておきます。安政三年（一八五六）の夏でありました。先生の門人、斎藤栄蔵（一八三六～一九〇〇。長州藩士斎藤貞順の次男。のちに境家の養子となる）という人、この人はのちに島根県令になりました。境《さかい》二郎のことであります。この人が先生のところに長い論文を書いて、持ってまいりました。それは、

「天下は一人の天下に非ざる説」

という題であります。この題は古い中国の本にある文句で、国家は国民全体のもので、国王

ただ一人の所有ではないというのであります。すなわち、今日の共和国体論であります。斎藤は中国の帝王の例を引きまして、帝王は国民の人望により決まるもので、それが天命であるから、帝王自身ではどうすることもできないものである。すなわち、国家が帝王一人の物でなく、国民全体のものである、と申しました。

ところが、先生はこれを詳細に論評しまして、この説は中国人のいうことで日本においては、断乎として言うべからざることである。わが日本は皇祖すなわち天皇様のご先祖様の、お造りになった国で、天皇様唯御一人の国家である。けっして国民の国家ではない。また、はなはだ恐れ多いことではあるが、たとえ如何なる天皇様がお出ましになろうと、かつ、そのために万一日本人が皆死に絶え、形の上では日本国家が亡びることがあっても、日本臣民が天皇様となることは絶対に許されないのである。日本は、国民よりも天皇様が重くていらせられるのだ。中国や欧米はかかる場合に、国民のために臣民が天子となることを、仁義と言っておるが、それは中国や欧米の仁義で、日本の仁義ではない、と書いて与えられました。

斎藤はそれを見まして、十分に納得ができませんから、再び長い論文を認《したた》めまして、また先生に差し出したのであります。その要点は、私のいう国家とは土地と人民のことで、天皇様の御位とは別物である。天皇様の御位は唯御一人の御位で、永久不変のことはよく承知しております。しかし、土地人民は天皇様御一人のものではありますまい、と申すのでありましたが、この説は今日で申せば、西洋流の君主国体論でありまして、皇帝はただ虚位を擁して無責任の地位に立ち、政治の実権はないわけであります。

この斎藤の再度の文に対する松陰先生の批評は、いやいや、その土地も人民も皆、天皇様のものである。よく眼を開いて、『古事記』『日本書紀』をご覧なさい。日本の土地と人民とは誰が作ったものか、土地を開き作られたことはもちろん、われわれの祖先は、かたじけなくもイザナギ・イザナミの尊《みこと》に生んでいただいたもので、天照大神様以来、御代々の天皇様にお育ていただいて、ただ今のわれわれに伝わってきたものだ。われわれの生命があるのは全くそのおかげである。ゆえに生みかつ育てていただいた親様でいらせられる天皇様に対して、いまさらそんな不人情な考えを起こすことができるか、よくよく考えてみよ、お前は天照大神の御神勅を疑ってはならぬぞ、とありました。
そこで斎藤は豁然《かつぜん》として、日本の国体を悟った、と書き記して、第三回の論文を提出しております。もって、当時の国体研究がいかに真剣なものであったかを、知り得ますと同時に、松陰先生の国体論がかくのごとく徹底したるものであったことを、知ることができるのであります。

今日は、これで終わります。

第四回講話　第三条より第七条まで

武士道の原則は義と勇――第三条

本日は第三条からであります。第三条を読んでみます。

一《ひとつ》、士の道は義より大《おお》いなるは無し。義は勇によりて行われ、勇は義によりて長ず。

ここで、いよいよ武士道の原則を述べておられます。まとめて見ますれば、武士道の原則は、義と勇とであると申すのであります。義という字の意味は、すべて正しいこと、合理的のことでありまして、正義とか、義理とか申すのも同じことであります。ここでは主に忠義を指しております。

しかるに、この義ということは、種々の困難なる場合にあたって、正しく判断し、固く信じて、行うことは容易なことではありません。松陰先生の時代はもちろん、明治維新のときなどは、この問題について、まごついた人が少なくなかったのであります。また現に今日でも、思想問題や何かで、まごまごしているものは、結局は、この正義の何物たるかが、よくわからないからであります。

ゆえに、何が正義か、何が忠義であるかと申すことは、十分研究しなければなりません。その研究には、のちにあげてありまするように、聖賢の書を読んで、古人の行跡をよく考え、嘉言善行の何たるかを、よく理解する必要があります。

しかし、松陰先生は、今日のいわゆる、理屈や知識のみをもって、一番大切なものとは見ておられません。かえって人情をもって、もっとも大切なものとしておられます。ただし先生の人情とは、もっとも純粋な情操であって、結局至誠すなわち誠と一致するものであります。そのゆえに先生は、

「人情と義理とは、極処にいたれば、一致するものであるから、純粋な人情に従ってさえ

行けば、仁義道徳というものは、さほどむつかしくはない」とも申しておられます。

さて、正義の何物たるかがわかりますれば、これを行うには、勇気が必要であります。勇気がなくては、いかに正しいこと、よろしいことでも、行われない。特に武士は軍人として、正義に反するものを正すという職分を持っている。すなわち、戦争に従事するためには、勇気がなくては職分が務まらない。ところで、その勇気は、別に外から来るものではなく、正義の何物たるかを、よく納得ができ、いよいよ間違いないと信じれば勇気は自然に出て参ります。すなわち、この場合には、信ずることは力であります。でありまするから、信ずることいよいよ深ければ、力もまたいよいよ強くなります。かくして結局、武士の態度は、いつも「君の御為に、命を惜しまぬ覚悟」でなくてはなりません。

松陰先生は、皇室を尊び、国を思うのあまり、ずいぶん思い切ったことを企てられましたが、これはみな永年研究の結果を信ずることが篤《あつ》く、いつも「君の御為に命を惜しまぬ覚悟」が十分できておられたからであります。

正々堂々として明るく――第四条

次は第四条を読んでみます。

一《ひとつ》、士の行いは質実にして欺《あざむ》かざるをもって要《よう》となし、巧詐《こうそ》にして過《あやま》ちを文《かざ》るをもって恥となす。光明正大、皆これより出づ。

ここでは、武士は光明正大であれ、と教えてあります。つまり、人間は正々堂々と、明るく、はっきりとしなくてはならぬ。影が暗くてはいけない、と申されたのであります。そのためには、正直が一番大切であります。正直とは、欺かないことで、過ちがありましても、それをかれこれと、飾ってはなりません。過ちは改むるよりほかには、よい方法がありません。ごまかしこそは大いに恥ずべきことであります。

先生は実に正直なお方で、のちに詳しく申しのべますが、かの東北旅行の際に、友人に約束したからといって、罪を受けるとは知りながら、無断で江戸藩邸を脱走されたくらいのお方で、始終これに似たことをやっておられます。そのために、事業はかえって巧《うま》くいかないことが多くありましたが、これがまた先生の正直である証拠でもあります。

武士道の修養法は読書——第五条

次は第五条を読んでみます。

一《ひとつ》、人、古今に通ぜず、聖賢を師とせざれば、すなわち鄙夫《ひふ》のみ。書を読みて尚友《しょうゆう》するは君子の事なり。

これからは、武士道の修養法を述べてあります。その第一着としては、読書を勧めておられます。詳しく申せば、昔から今までのことをよく心得て、聖賢を手本とせねば、下等な人間であるといわれております。

その次に、読書して古《いにしえ》の成人賢人を友とするのは君子である、と申しておられます。尚《しょう》友《ゆう》とは、書物の上で、精神的に、古の聖賢を友とする意味であります。君子とは、聖賢たらんと志《こころざし》て、道徳を励《はげ》む人のことで、ここでは立派な武士という意味になります。また書を読むということは、ここではもちろん修養に必要な聖賢の書物を指しております。

先生は、非常な勉強家でありまして、旅行中でも、牢屋の中でも、暇さえあれば読書されました。試みに、ある年の読書の様子を申しますと、一ヵ年におおむね五百冊くらいでありますが、ご自分では、なお勉強が足らぬと悲観されておりますくらいで、門人にも、万巻の書を読まねば、一人前の人にはなれないと、激励しておられ、松下村塾の柱には、この意味の格言が掛けてありました。

よき師よき友と交われ——第六条

次は第六条を読んでみます。

一《ひとつ》、徳を成し、材を達するには、師恩友益《しおんゆうえき》の多さに居《い》る。ゆえに君子は交遊《こうゆう》を慎む。

これは、つまり交わる人を選ぶべきことを述べられたもので、修養上第二の必要条件であります。まことに人は師匠や交わる友達によりまして、善くも悪くもなるものであります。先生の門人たちが、それぞれ国家のお役に立ちましたのは、先生の指導はもちろんのこと、門人の素質もよく、同時に、門人同志の励み合いが、おおいに宜《よろ》しきを得たからでもありました。

何事も決死の覚悟が必要——第七条

次は第七条を読んでみます。

一《ひとつ》、死してのちに已《や》むの四字は、言簡《ことかん》にして義該《ぎか》ぬ。堅忍果決《けんにんかけつ》、確乎として抜くべからざるものは、これをおきて術《じゅつ》なきなり。

これは要するに、何事でも決死の覚悟が必要であることを、教えられたものであります。すなわち、死而後已の四字（漢文では四字になります）、これは、死ぬまでやるということで、言葉は簡単でありまするが、意味はすこぶる深いものであります。単に死にさえすればよいというようなわけではありません。死んでもなお足りないけれども、死ぬまでやるほかに方法がないのだから、死ぬまでやるのであります。されば松陰先生は、七度人間に生まれて、この賊を滅ぼさんと祈りつつ、死んで行かれたのであります。

死而後已という語は、中国の曾子《そうし》という賢人の言葉でありまして、先生は、よくこの語を用いられ、また常に、この決心で物事に当たられました。それでありまするから、先生の文章には、到るところに死を決したことが書いてあります。否ほとんど始終、決死の覚悟でおられました。またその決死の覚悟が、始終できておられましたのは、先生は命よりも何よりも、尊皇攘夷の精神の方が、大切であったからであります。

例えば、先生は、下田事件ののちに、当時の心境を詠じて、

かくすればかくなるものと知りながら　やむにやまれぬ大和魂

と申されました。この意味は、今はこのように捕縛されて牢屋に行くが、やがては死罪になるであろう。しかし、このくらいのことは覚悟の前で、尊皇攘夷の精神には代えられないというのであります。

あるいはまた最後に、笑って死につかれましたのも、身は死しても、この尊皇攘夷の精神は、永久に残って、必ずわが日本を守る、と信じておられたからであります。実に先生は、死而後已の四字の実行者でありました。

今日はこれで終わります。

第五回講話　結語

本日は、士規の最後の部分を説明いたします。まず読んでみます。

志を立て、友を選び、書を読むこと

右の士規七則、約して三端《さんたん》となす。曰く、志を立てて万事の源となし、交わりを撰びて仁義の行いを輔《たす》け、書を読みて聖賢の訓《おしえ》を稽《かんが》える。士まことにここに得ること有らば、またもって成人と為すべし。

この意味は、以上七カ条をまとめて見れば三つになる。すなわち、第一は志を立てること。志を立てるとは、立派な人間になり、立派な日本人になり、そして立派な武士になろうとすることでありまして、これが一番のもとであります。第二は友を選ぶべきこと、第三は、書物を読んで、聖賢の教えを考え味わうことであります。この三つを実行できれば一人前の武士になれるぞ、と申されたのであります。誠に簡単明瞭で、実行に容易な結論であると考えます。

次は最後の、二十一回猛士の説明であります。この二十一回猛士というのは、前にも述べましたように先生の別号であります。

その由来は、先生が下田事件から、江戸の獄に入れられ、それから萩の野山獄にまわされまして、安政元年（一八五四）の末には、まだ牢屋の中におられました。ある晩のこと、夢に神様が現れて、お前はこれだと言って二十一回猛士と書いてある名札を渡されました。夢醒《さ》めて、先生は、さてさて不思議なことがあるものだ、二十一回猛士とは何のことであろう、とよくよく考えられました。そして、ついに二十一回という数の出所を発見されたのであります。

先生の生まれた家の苗字《みょうじ》の、杉という字を、分解してみますと、木偏《へん》が十と八で、作りがちょん、ちょん、ちょんと三つになります。これは合計二十一になります。また養家の苗字の、吉田を分解しますと、吉は十一と、小さな口で、田は中の十と大きな四角、すなわち口《くにがまえ》であります。この数字は合計二十一で、小さな口を大きな口の中に入れますと、回という字になります。それで二十一回となりました。

猛は何であろう。先生は寅年の生まれで、寅次郎もそこからつけられた名であります。虎は猛々《たけだけ》しい獣《けだもの》であり、士はさむらいであります。これで二十一回猛士はわかりました。

しかし、なぜ神様は、こんな号をつけて下さったのであろうか。先生が考えられますのに、自分は、生来《せいらい》臆病で気が弱いから、神様が、そんなことではいかぬ、もっと、勇猛でなければならない、二十一回も勇気を出してみよ、という仰せであろう。考えてみると、今までにいくらか勇気を奮ったと思うのは、わずかに三回である。そうすれば、これから残り十八回もある。よしよし、これからなお一層勇気を奮ってみよう、と決心されました。これが二十一回猛士の号の由来であります。

三回の用猛《ようもう》

先生は、この勇気を奮うことを、猛を用いると書いて用猛《ようもう》と称しておられます。そして、これまで三回の用猛をやったと、申されましたが、その第一回は、先生が二十二歳の頃、兵学研究のために、江戸に遊学中、国防上の研究のために東北地方の視察に行かれたことがあります。もちろんこういうときには、昔は皆藩の許可を得て、旅行免状をもらって出かける規定になっておりました。

先生も無論正当の手続きを経て、旅行の許しは出ましたが、旅行免状がまだ下りてきません。それは、ちょうど長州侯が萩に帰っておられて、江戸詰の長州藩の役人が、その旅行免状の件を、萩の藩主に、伺いを立てておりまして、容易にはかどらなかったのでありました。そのころ、江戸から萩までは、往復六十日もかかりますから、免状が遅れるのも無理はありません。

一方先生は、この旅行を肥後藩の宮部鼎蔵《みやべていぞう》、南部藩の江幡五郎《えばたごろう》（江幡五蔵、那珂通高《なかみちかた》）と一緒にする約束をして、出発を一二月一四日、赤穂義士の討入の日と定めておられました。しかるに、その日までに旅行免状が参りません。先生は他藩の人との約束を、今さら変更しては長州人の恥だ、ここで恥を曝《さら》すよりも藩邸を脱走して約束を実行しよう。脱走となれば、罪を受け、家禄を取りあげられることはわかっているが、それは一身上の利害のみである。しかるに、武士に二言なし、とは武士道の憲法である。一身の利害のために、この憲法を破ることはできぬ、と考えられて、脱走して約束を履行《りこう》されたのであります。果たしてそのために罪を受け、士籍を削られて浪人となりました。これが用猛第一回であります。

第二回は、嘉永六年（一八五三）、ペリー艦隊が、浦賀に参りましたときに、先生は二四歳の浪人でありながら、ずいぶん思い切った意見書を藩政府に建白しましたので、物議を起こしたことがあります。先生はそれでも構わず、死を決して上書されました。これを先生は自ら用猛第二回といっておられます。

第三回は、例の下田事件であります。ことの起《お》こりは、欧米諸国の無礼を憤り、どうしても攘夷をせねばならぬが、そのためには外国の事情をよく知る必要がある、いわば敵情偵察が先決問題である、といって先生は自ら進んで欧米の偵察に行こうとされました。ときは嘉永七年（一八五四）三月二七日の夜、実は二八日の午前二時であります。この日を、今の太陽暦に直しますと、四月二五日で、ちょうど今月今日に当たります。不思議なご縁ではありませんか。この日先生は、ひそかに下田停泊中の米国軍艦に行って、便乗を頼みましたが、もちろん承諾してはくれません。ついに拒絶され、仕方なく再び陸岸に戻って、幕府の役所に自首されました。幕府はおおいに驚き、国法を犯したという廉《かど》で召し捕えて、江戸の牢に入れました。これが用猛第三回であります。

その後の用猛二回

その後、幾度猛気を振るわれたかと申しますと、二一回あります。その二一回目に、ついに、斃《たお》れました。してみまするると、二一回のうち、先生の用猛は五回で、あと一六回残っておりました。この残りは、実は先生の死後、門人たちが、もらい受けて働いたために、明治維新ができたのであります。

先生の第四回の用猛とは、先生が出牢を許されて実家に帰り、松下村塾で門人を教えておられますときに、安政五年（一八五八）一一月、幕府の老中首座の間部《まなべ》下総守《しもうさのかみ》詮勝《あきかつ》が京都に参りまして、今回幕府が勅命を待たずに、米国との通商条約を結んだことについて、朝廷のお許しを得ようとしましたが、なかなか思うように参りませんので、頻《しき》りに勤皇の志士を捕縛し、天朝に無礼を加えるので、先生は、この人を暗殺するために、血盟団を組織して、出発しようといたしたのであります。先生は、このために再び萩の牢屋に入れられました。これを用猛第四回と称しております。

第五回は安政六年（一八五九）五月、先生が幕府の命令で、萩の獄から江戸に護送されることになりましたとき、まさに第五回の猛気を振るって、堂々と幕府の役人どもを説破し、尊皇攘夷論者にしてやろうと決心して行かれました。しかし、なかなか思うようには参りませず、ついにその年の一〇月二七日に、死刑に処せられました。

次に掲げます歌は、いよいよ死刑と覚悟したときに、父・叔父・兄へ連名で贈られた、永訣《えいけつ》の手紙の冒頭に記されたものであります。

親思うこころにまさる親ごころ　今日の音づれ何と聞くらん

もって、親子の別れのいかに痛烈悲愴《つうれつひそう》であったかを察すると同時に、先生の孝心のほどが偲《しの》ばれるのであります。また、

身はたとえ武蔵の野辺《のべ》に朽《く》ちぬとも　留《とど》め置《お》かまし大和魂《やまとだましい》

これは、死刑の前々日より前日にわたって書かれました『留魂録《りゅうこんろく》』という、門人に与えられました遺言状の冒頭に記してありまする歌で、死刑当日も辞世《じせい》として高吟《こうぎん》されたものであります。また、

七度《ななたび》も生きかえりつつ夷《えびす》をぞ　攘《はら》わん心われ忘れめや

これは、『留魂録』の終わりに掲げられたものであります、この二首は、ひとり門人に対する遺言のみならず、実にわれわれ日本人に対する、千載不磨《せんざいふま》（千年も消えないこと。いつまでも不朽なこと）の遺言であります。そしてまた、この大和魂こそは、すなわち先日来説明をしました、士規七則の精神でありまして、松陰先生の生涯は、まったくこの精神の実現であったと思います。

最後に辞世の詩があります。刑死当日、死刑の宣告をされて評定所（今の裁判所）を出るときと、いよいよ死刑場に臨むときとの二回高らかに吟じられたもので、壮烈極まるものがあります。

われ今、国のために死す
死して君親に背《そむ》かず
悠々たる天地のこと

鑑照《かんしょう》、明神に在り

誠に泰然たる死でありました。

私の講話は、これで終わりといたします。

附録一　松陰先生詩集

広瀬　豊　編

一　楠公墓下

道のため義のため　豈《あ》に名を計《はか》らんや、
誓って　この賊と共に生きじ。
嗚呼《ああ》　忠臣楠子《なんし》の墓、
吾《わ》れしばらく躊躇して行《さ》るに忍びず。
湊川《みなとがわ》の一死　魚の水を失うが如く、

註（編者広瀬豊の註。以下同じ）

先生二三歳江戸遊学の途中、嘉永四年（一八五一）三月一八日、はじめて楠公の墓を拝し感激して賦《ふ》す。

（1）孟子・伯夷《はくい》の風を聞く者は、頑夫《がんふ》も廉《れん》に、懦夫《だふ》も志を立てるあり。

長城すでに摧《くだ》け　事去《おわ》りぬ。
人間の生死　何ぞ言うに足らん、
頑《がん》(1)廉《れん》にし　懦《だ》を立たしめ　公なお死せず。
如今《じょこん》　朝野雷同を悦び、
僅《わず》かに　圭角《けいかく》あればすなわち容《い》れず。
書を読むも　すでに道を衛《まも》るの　志《こころざし》　なければ、
事に臨《のぞ》みて　いずくんぞ義を取るの功あらん。
君見ずや　満清《まんしん》の全盛　宇内《うだい》に甲たりしも、
(2)すなわち么麼《ようま》の破砕《はさい》するところとなる。
(3)江南十万　竟に何するものぞ、
(4)陳公の外《ほか》みな狗鼠《くそ》の輩《ともがら》。
いずくんぞ　楠公その人の如きを得て、
弊習《へいしゅう》を洗い尽くして　一新せしめん。

(2) 中国がアヘン戦争でイギリス軍に敗れたこと。
(3) 揚子江以南の中国軍。
(4) 陳化成将軍独り勇戦して死すること。

独り　碑前に跪《ひざまず》きて三たび歎息《たんそく》し、
満腔《まんこう》の客気《かくき》空しく輪囷《りんきん》す。

二　筑波山に登る

去年の今月　鎮西《ちんぜい》に在《あ》り、
温泉《うんぜん》嶽上　攀躋《はんせい》を極む。
当時風雪　空を掠《かす》めて起こり、
蘇川筑水(1)　望めば総《すべ》て迷う。
今年反《かえ》りて　関東の役《たび》を作《な》し、
季冬すなわち　筑波の背に跨《また が》り。
左右顧《かえり》みれば　快愉なるかな、
富山(2)は白玉　刀水は碧《あお》し。

註

先生二二歳、東北旅行の際、嘉永四年（一八五一）一二月一七日、筑波山に登る。
（1）阿蘇山・筑後川。
（2）富士山と利根川。

三　磯原に宿す

海楼《かいろう》酒を把《と》りて　長風に対し、
顔　紅《くれない》に耳《みみ》熱く　酔眼濃《こまや》かなり。
たちまち見る　万里の雲涛《うんとう》の外《ほか》、
巨鼇《きょべつ》海を蔽うがごとく　艨艟《もうどう》来たる。
我れ吾が軍を提《ひさ》げて　来たりてここに陣し、
貔貅《ひきゅう》百万　髪上《はつのぼ》り衝《つ》く。
夢断《や》み酒解《さめ》て　灯また滅し、
涛声《とうせい》枕を撼《うごか》し　夜鼕々《とうとう》。

註

嘉永四年（一八五一）一月二二日、常陸国磯原に宿す。この海岸は三〇年前、イギリス船の来たところなので、自らこれにおよぶ。この詩、先生の詩の中でもっとも豪壮の称あり。

四　白河の訣《わか》れ

白水関下《はくすいかんか》風は蕭々《しょうしょう》、
君と永く訣《わか》るるは明朝に在《あ》り。
壮士《そうし》策定まる遅疑《ちぎ》するを休《や》めよ、
勝敗は天の数《すう》なり人為にあらず。
君見ずや我に忠光《ただみつ》（1）あり彼には予荊（2）、
素謀《そぼう》成らずとも大節は明らかなり。
興《きょう》来たらば須《すべから》く酒千鐘《しょう》を尽くすべし、
人間すでにこれ再び逢うなし。

註

嘉永四年（一八五一）一月二七日、岩代国白河において同行者江幡五郎と別れる。五郎は兄の仇を報ぜんとす。

（1）頼朝を狙った上総五郎忠光。

（2）中国戦国時代晋の人。主君のために復讐せんと苦心した予譲と荊軻。

五　新潟に着す

雪を排して来たり窮《きわ》む北陸の陬《はて》、
日暮れて乃《すなわ》ち海楼に向かって投ず。
寒風慄烈《りつれつ》膚《はだ》を裂《さ》かんと欲するも、
ことさらに人に向かって壮遊を誇る。
悲しいかな男子蓬桑(1)の志、
家郷さらに慈親の憂《うれ》いとなるを。
慈親の子を憂うこと至らざるなく、
まさに算《かぞ》うべし今夜何《いず》れの州《くに》に在らんと。
枕頭眠り驚けば灯滅せんとし、
涛声雷の如く夜悠々たり。

註

会津と越後の境、積雪を冒して、ようやく新潟に着す。時に二月一〇日なり。

（1）旅行。

六　真野御陵を拝す

異端邪説をもってこの民を誣《し》いるは、
また洪水と猛獣のたぐいにあらず。
いやしくも名教《めいきょう》維持の力あらざれば、
人心はまさに義と仁とを滅せんとす。
憶《おも》うに昔姦賊《かんぞく》(1)国均を秉《と》り、
至尊蒙塵《しそんもうじん》して海浜に幸《みゆき》し給《たま》う。
六十六州ことごとく豺虎《さいこ》となり、
敵愾勤王《てきがいきんのう》一人もなし。
六百年後壬子《じんし》の春、
古陵に来拝す遠方の臣。

註

東北旅行中、嘉永五年（一八五二）二月二八日、佐渡の順徳天皇の御陵を拝し、哭して詩を作る。先生二三歳。

（1）国権。

なお喜ぶ人心竟《つい》に滅びず、
口碑《こうひ》今に事を伝えて新たなるを。

七　鳳闕《ほうけつ》を拝し奉る

山河襟帯《さんがきんたい》自然の城、
東来《とうらい》日として　帝京を憶《おも》わざるなし
今朝くちそそぎて鳳闕《ほうけつ》を拝す、
野人悲泣《ひきゅう》して行くこと能《あた》わず。
鳳闕寂寥《ほうけつせきりょう》　今　古《いにしえ》にあらず、
空《むな》しく山河ありて変更なし。
聞くならく今上聖明の徳、
天を敬《うやま》い民を憐《あわ》れみ至誠に発す。

註

先生二四歳。海外渡航を企て長崎に赴く途中、嘉永六年（一八五三）一〇月二日、京都二条宮を拝し永訣を奉告する。遠く王政の昔を忍び、今寂寞《せきばく》たるありさまを拝し、感慨無量。宮殿を一周して去る。この詩数種あり、これは原作にして最も簡潔新鮮なり。先生純忠至誠の詩中最優と称せられる。

鶏鳴《けいめい》すなわち起きて親《みずか》ら斎戒《さいかい》し、
妖雰《ようふん》を払って太平を致さんと祈り給う。
従来英皇(1)不世出《ふせいしゅつ》、
悠々機を失す今の公卿《こうけい》。
人生は萍《うきぐさ》の如く定在なし、
いずれの日か重ねて天日の明を拝せん。

八　浪華《なにわ》に泊す

狂夫未《いま》だ必ずしも家を思わざるにあらず、
国のために家を忘る、何ぞ嘆《なげ》くべけんや。
中宵《ちゅうしょう》夢断《や》み　家いずこにかある、
(1)夜雨短蓬《たんぼう》　浪華《なにわ》に泊す。

（1）必ずこのルビ通りに読むこと。

註

同じく長崎行の途中、大坂より舟にて西行せんとする。今や国のために日本を去らんとするとき、家郷を夢みた。この詩孝心最も顕れる。嘉永六年（一八五三）一〇月三日、先生二四歳の作。

（1）船の屋根覆い。この作に似たものに「首を廻らせば蒼茫た

九　夜読の後書す

独り咲《わら》う欣然味余りあり、
知るやいなや快楽萬如《みなおよ》ぶなし。
二十年願わくは(1)叢棘《そうきょく》に安んずるを得て、
読み尽くさん人間万巻《まんかん》の書を。

一〇　村塾の壁に留め題す

宝祚《ほうそ》天壌とともに隆《さか》え、
千秋その貫《もと》を同じうす。
如何《いかん》ぞ今世の運、

る浪速の城――」というものがあり、吉田孟炬の作なりという。この名もまた頗る先生に似たり。他人なり、注意を要す。

註

先生門弟に教えるに一万巻の書を読むをもってす。自ら計るに一年約五百冊なり。よって一万巻を読むのに二〇年を要すという。安政二年（一八五五）、二六歳獄中の作。

（1）獄牢。

大道は靡爛《びらん》に属す。
今我れ岸獄《がんごく》に投ぜられ、
諸友は半《なか》ば難に及ぶ。
世事いうべからず、
この挙旋《かえ》り観るべし。
(1)東林季明《きみん》を振い、
(2)大学衰漢を持《じ》す。
松下陋《ろう》村と雖《いえど》も、
誓って神国の幹《みき》とならん。

一一　父に訣《わか》る

平素趨庭《すうてい》、訓誨《くんかい》に違《たが》う、

註

先生二九歳、安政五年（一八五八）一二月。勤王運動のこと破れ、入獄せんとするとき、松下村塾の壁に附し、門弟に遺言せしもの。

（1）中国明代末の東林党の活動。

（2）漢の末に大学生が国運を維持したのをいう。

この行独り識《し》る、厳君《げんくん》を慰《なぐさ》むるを。
(1)耳に存す文政十年の詔《しょう》、
(2)口に熟す秋洲《しゅうしゅう》一首の文《ぶん》。
小少にして尊攘《そんじょう》の志《こころざし》早く決す、
蒼皇《そうこう》たる輿馬《よば》の情安《な》んぞ紛《ふん》せんや。
(3)温清剰《あま》し得て兄弟に留む、
ただちに東天に向かって怪雲を掃《はら》わん。

一二　兄に訣《わか》る

囚《しゅう》窓《そう》客去り夜沈々《ちんちん》、
限りなき悲愁またまた侵《せま》る。
万里重ねて傷《いた》む父母の志、

註

先生三〇歳、安政六年（一八五九）五月東送され、父にわかれるときの詩。

（1）文政一〇年に将軍家斉が太政大臣に任じられたときの詔書。このとき将軍は江戸にいながら優詔を拝したるを、先生の父これを聞き東天を拝して悲泣したという。

（2）玉田永教の蒼神国由来。

（3）孝養のこと。

三十年益なし邦家《ほうか》の心。
狂頑《きょうがん》の弟なお豪語をなし、
友愛の兄強《し》いて放吟《ほうぎん》を助く。
情は鶺鴒《せきれい》に至りて説き得難く、
棣花《ていか》(1)落ち尽くして緑陰深し。

註

兄杉梅太郎は先生東送の報伝わるや、毎日獄窓に来て弟を慰め励まし、深夜にいたって去った。その後姿を見送る先生の心情を見るが如し。

（1）庭桜の花。

一三　友人に訣《わか》る

吾《わ》れ豈《あ》に情《こころ》なき者ならんや、
相《たがい》に生きながら別離するを知る。
然《しか》りと雖《いえど》も何《なん》ぞ泣くを用いん、
梅雨はやがて晴るる時あらん。

註

先生三〇歳、安政六年（一八五九）五月東送されるときの詩。

一四　正気の歌

正気は天地に塞《ふさ》がり、
聖人はただ形を践《ふ》む。
その次に不朽なるは、
また日星と光を争う。
嗟《ああ》、吾《わ》れ小丈夫、
一粟《いちぞく》を蒼溟《うみ》に点《てん》ず。
才は疎《そ》にして身また側陋《そくろう》、
(1)雲路、天廷、遙かなり。
然れどもその送東に当たり、
眼は山水とともに青し。

註

萩より江戸まで東行途中の作、原題は「文天祥正気歌韻に和す」とある。文天祥、藤田東湖の同歌と共に三大正気の歌と称せられる。先生三〇歳。

（1）雲の上に天あり。
（2）周防の海。
（3）菅原道真の舟泊のところ。
（4）毛利元就。
（5）赤穂。
（6）和気清麻呂。
（7）静女。
（8）湖。

周海(2)、舟を泊するところ、
敬慕す文臣(3)の筆。
厳島《いつくしま》は賊を鏖《みなごろし》にせし地、
仰いで武臣(4)の節を想う。
赤水(5)、佳談を伝え、
桜は義士の血を留む。
和気《わけ》は郡名に存す、
孰《いず》れか清丸(6)の舌を捫《もん》せん。
壮士、一谷《いちのたに》の笛、
義妾(7)、芳野の雪。
墓には、悲しむ楠子《なんし》の志、
城には、仰ぐ豊公の烈。
倭武《やまとたける》、蝦夷《えぞ》を経《たいら》げ、

(9) 中国五山の二つ。
(10) アメリカ。
(11) 水戸、尾張、越前。
(12) 上下混合。

田村、靺鞨《まつかつ》を威《おど》す。
嗟《ああ》、この数君子、
大道の分裂を補《ふ》せぐ。
尾張は伊勢に連《つら》なり、
神器万古に存す。
(8)琵琶は芙蓉《ふよう》を映じ、
嵩華《すうか》(9)何ぞ論ずるに足らん。
最《さい》たりこれ平安城、
仰ぎ見る天子の尊。
神州万国に臨む、
すなわちこれ大道の根。
(10)墨夷の事起こりてより、
諸公実に力《つと》めず。

すでに妖教《ようきょう》の禁を破り、
港を議す洲《くに》の南北。
名義早やすでに誤る、
寧《な》んぞ失得を問うに遑《いとま》あらんや。
天子荐《しき》りに軫念《しんねん》したまい、
四海、妖雰《ようふん》黒し。
(11)勅を奉ず三名侯、
鶏棲《けいせい》(12)に鳳凰《ほうおう》食《くら》う。
その他国を憂うる者、
また皆溝中に瘠《むくろ》となる。
款忽《たちまち》五六歳、
世事幾度か変易《かわ》る。
幸いに聖皇の在《いま》すあり、

以て神国を興すに足る。
如何《いかん》ぞ将軍の忠、
曾《かつ》て洋賊を払わざる。
大義自ら炳明《へいめい》、
孰《いず》れか惑わん、黒白を弁ずるを。
人世は転瞬《てんしゅん》のみ、
天地何ぞ極《きわま》りあらん。
聖賢企て難しと雖《いえど》も、
吾《わ》が志は平昔に在り。
願わくは正気を留め得て、
聊《いささ》か山水の色を添えん。

一五　絶命詩

われ今国のために死す、
死して君親に背《そむ》かず。
悠々たる天地のこと、
鑑照《かんしょう》、明神に在り。

註

安政六年（一八五九）一〇月二七日（陽暦一一月二一日）江戸伝馬町獄にて死の直前、高らかに吟じたるもの。先生三〇歳。

歌

かくすればかくなるものと知りながら　やむにやまれぬ大和魂

（註）先生二五歳、嘉永七年四月一五日、下田より江戸獄に送られる途中、泉岳寺の前をすぎて。

心あれや人の母たる人達よ　かからん事は武士《もののふ》の常

（註）安政六年（一八五九）五月東送のとき、妹たちに遺したもの。先生三〇歳。

親思うこころにまさる親ごころ　今日の音づれ何と聞くらん

（註）安政六年（一八五九）一〇月二〇日、死刑免れ難きを知り、父兄に永訣の手紙を送る。その冒頭に記したもの。

七度《ななたび》も生きかえりつつ夷《えびす》をぞ　攘《はら》わん心われ忘れめや

（註）同一〇月二六日、刑死の前日、『留魂録』の終わりに記したもの。

身はたとい武蔵の野辺《のべ》に朽《く》ちぬとも　留《とど》め置《お》かまし大和魂《やまとだましい》

（註）同じく『留魂録』冒頭の名歌。刑死の当日一〇月二七日、獄を出るときに高らかに詠じたもの。

先生追慕の詩

一、先師小祥の日　　高杉　晋作

墓を掃《はら》い芻《くさ》を束《たば》ね涙潸然、
頻《しき》りに愧ず我が党遺篇に負《そむ》くを。
伏して往事を懐えば恰《あたか》も夢の如く、
花落ち鳥啼《な》いてすでに一年。

註
門人中第一流の人、惜しいかな中道にして没す。万延元年（一八六〇）一周年先生の命日に墓を拝して作る。

二、追　懐　　伊藤　博文

道徳文章彝倫《いりん》を叙す、

註
門人中の偉才、明治二四年（一八九一）松下村塾を訪ねて作る。

精忠大節明神を感ぜしむ。
如今廊廟棟梁《じょこんろうびょうとうりょう》の器、
多くこれ松門教を受くるの人。

三、村塾に宿す　　野村　靖

五十の春秋一夢の如く遷る、
依然たり村塾当年を憶《おも》う。
老余来たり宿す清霜の夜、
独り遺篇を読んで眠を作《な》し難し。

註

門人中の偉才、明治四一年（一九〇八）に松下村塾に宿してこの作あり。

附録二　士規七則の由来詳説

広瀬　豊

下田事件に失敗した松陰は、嘉永七年（一八五四）の一〇月末に江戸の獄《ごく》から故郷萩《はぎ》の野《の》山獄《やまごく》にまわされ、いくらか気が安くなったのであろう。故郷の父母兄妹は何くれとなく心配し、罪人だからとて怨《うら》むようなこともなく、むしろ一家を挙《あ》げて歓迎し、差し入れ物などに何不自由のないように奔走《ほんそう》していた。就中《なかんずく》、兄の梅太郎は、懸命になって杉家と獄舎との連絡をはかり、弟に十二分の満足を与えておったものである。されば松陰は、この際、好きな読書作文が思うようにできるとて、むしろ喜んでいるくらいであった。

旭《あさひ》さす軒端《のきば》の雪《ゆき》も消《き》えにけり　わが故郷《ふるさと》の梅《うめ》やさくらん

大《おお》そらの恵《めぐみ》はいとど遍《あまね》けり　人屋《ひとや》の窓《まど》も照《て》らす朝《あさ》の日《ひ》
文《ふみ》うつす研《すずり》の氷《こおり》解《と》けにけり　梅《うめ》なき家《いえ》も春《はる》は立《た》ちぬる

これが一二月二四日ごろの松陰の心境である。

明くれば安政二年（一八五五）の正月で、元旦の詩がある。

塵区《じんく》の万苦辛《ばんくしん》を嘗《な》め尽くし、又閑廃《またかんはい》を将《も》って佳辰《かしん》に遇《あ》う、
新調（詩作）を急に隻鯉《そうり》（手紙）に托《たく》せんと欲す、（いかにせん）寿觶《じゅし》（さかづき）二親に献ずるに因《いん》なし。
城市喧闐《じょうしけんてん》（さわがしさが充満）朝賀《ちょうが》の客、睡眠安穏繫囚《あんのんけいしゅう》の人、
人間栄辱《えいじょく》何ぞ問うを須《ま》たん、曙色鶏鳴天地《しょしょくけいめいてんち》の春《はる》。

悲憤慷慨《ひふんこうがい》の模様も見えず、餅もいただき屠蘇《とそ》も飲んで、割合《わりあい》にのんびりしている光景が目に見えるようである。

ただ家人との面会は許されなかったので、始終獄舎に往復した兄でさえ、ようやく一月下旬に密《ひそ》かに対面したにすぎぬ。したがって万事は獄吏《ごくり》を介して、手紙により用を弁じていた。もっとも松陰の罪は、不良の動機でないことはわかっているし、幕府でも父に預けることになっていたのであるが、藩の役人どもが幕府を憚《はばか》って、牢屋に入れたのであるから、獄吏も割合に優遇したらしい。とくに松陰の父は警察官吏であることが、何かと便宜であったろう。

正月七日付にて松陰から兄梅太郎宛に、

五日の二書彦介が書共拝見仕《つかまつり》候《そうろう》、差当る所拝復仕《つかまつり》候《そうろう》、玉丈人《たまじょうじん》より助銀《じょぎん》（金員を贈られたこと）との御事奉二恐入一候、彦介加冠士冠礼御講釈御尤もの御事奉レ存候、併御謙譲の高意如レ是に候えば、如二寅等一もの亦何言焉、なれども、寅も心を尽くし見度候間、三加の講義いたし遺候ては如何可レ有レ之哉、若以為レ可小学御遣奉レ頼候……玉木元服の祝頂戴仕候……

書中の彦介は、松陰の叔父にして師匠である玉木文之進（玉丈人）の一男にして、天保一二年正月五日生まれであるから、この正月五日で満一五歳になる。その元服（または加冠《かかん》という）祝いのために、何か心得になる文章を書いてやってくれと、玉木叔父から申してきたらしく、松陰ははなはだ恐縮しているようすだが、彦介は松陰のもっとも可愛がっておった従弟《いとこ》であり、かつ松陰は始終玉木家に同居していた関係上、もっとも親しく、かつまた彦介にとりては、松陰がもっとも尊敬すべきただ一人の先生でもあったから、松陰もこの要求に対して、何か考えてみようと言っているのである。

何がよかろうか、朱子の小学のなかにある三加章《さんかしょう》の講義をしてはどうか、もしそれでよければひとつ書いてみますから、小学を送ってください、というのである。小学の三加章とは、巻三に、

士《し》の冠礼《かんれい》は、始め加うるに祝って曰く、令月《れいげつ》（めでたい月）吉日《きちにち》、始めて元服を加う、なんじの幼志《おさなこころざし》を棄てて、なんじの成徳に順《したが》わば、寿考《じゅこう》（長寿）これめでたく、なんじの景福を介《おおい》せん。

再加に曰く、吉月令辰《きちげつれいしん》に、すなわちなんじの服を申《かさ》ぬ、なんじの威儀を敬《つつし》み、よくなん

じの徳を慎《つつし》まば、眉寿《びじゅ》（ながいき）万年にして、永く胡福《こふく》（大なる福）を受けん。三加に曰く、歳《とし》の正《せい》を以てし、月の令を以てし、みななんじの服を加う。兄弟ともに在りて、その徳を成さば、黄耇《こうこう》（老人）かぎりなく、天の慶《さいわい》を受けん。

手紙の終わりの方に、「玉木元服の祝頂戴仕候」とあるのは、五日の元服祝いの御馳走《ごちそう》でもあろうか、それを頂戴《ちょうだい》したというのである。同じころ、玉木叔父宛の書中に、

「去五日彦生加冠一段の御事奉レ存候、御祝の品被レ為レ恵頂戴仕候」

も同様の意味である。

さてその後、講釈（作文）の一件はどうなったかというと、次の手紙でわかる。正月一一日頃の日付で、松陰より兄宛《あて》の手紙に、

「……六規腹藁《ふくこう》の時は、随分尤も敷考候え共、草を立てて見れば如レ斯《かくのごとし》、かかる事書きて遣りても左まで興起《きょうき》の種共なるまいか、三加章も講義出来兼候《できかねそうろう》、国什一篇例のやたら読仕見候、尤も六規にても宜敷《よろしく》ば発程《はってい》の間に合候様改録遣すべくか、何も御一覧奉レ願候。

何分俗諺にて書き候えば、分かりよくは候え共、冗長になりてどうもならず、かつ人道の要領孔孟二先生に大抵言い尽くされ候、二先生の口にもれ候ても、歴代の先生方が皆言われた、唯退いて読みさえすれば、無二此上《このうえもなし》一無二此上一……」

この六規とは士規六則のことである（従来、六規を士規と誤植したるものがある。今回改めて六規なることを確かめた）。すなわち、このごろはまだ六則であった。その証拠はもう一つある。現に東京吉田家にある文書中、一月一四日付、兄宛の追憶書（金子重輔の死を哀れみ、飲食を節して金子の墓を作ってくれるように、兄に頼んだ手紙である）の書いてある反古紙《ほごし》に、次の文字がある。

「冊子を披繙《ひはん》すれば、嘉言《かげん》林の如く、躍々《やくやく》として人に迫る。顧うに人読まず、もし読むとも行わず。まことに読みて之を行わば、千万世《せんばんせい》と雖も得て尽くすべからず。噫また何をか云わん。然りと雖も、知りて言わざる能わざるは、人の至情《しじょう》なり。古人《こじん》はこれを古《いにしえ》に言い、今吾《わ》れこれを今に言う。亦何ぞ傷《やぶ》らん。士規六則を作る。

一《ひとつ》、凡そ生まれて人たれば、宜《よろ》しく人の禽獣に異なる所以を知るべし。けだし人には五倫あり、而して君臣父子をもっとも大いなりとなす。故に人の人たる所以は忠孝を本となす。景子《けいし》曰く、内は則ち父子、外は則ち君臣、人の大倫なり。孟子曰く、人の道あるや、飽色《ほうしょく》（食？）（以下欠）」

すなわち一四日に書いたとは言えないが、とにかくもこのころは、まだ六則であったことは確かである。

次に一一日の手紙に戻り、「六則の腹案の時は、もっとうまく出来る積りであったが、筆を下ろして見ればご覧の通り、うまく出来なかった」と言って、同封して兄に見せている様子である。しかしこんなことを彦介に書いてやっても役に立つまいと心配して相談しているのである。そして例の三加章の講義もうまく行かない、とりあえず和歌一首を呈するといっている。この歌が一一日付の、

今日よりぞ幼心《おさなごころ》を打ち捨てて　人と成《な》りにし道を踏めかし

に相違ない。五日の元服祝いに、一一日付で「今日よりぞ」では少し合わないが、祝いの詩文などは、必ずしも当日でなくともよかった証拠でもある。

しかるにその次に、

「六則でもよかったら彦介が出発までに書き改めてやろう、（彦介は、父玉木文之進とともに、相模戌衛のためまもなく出発の予定で、実際は一月二〇日発）ただどうも通俗語で書いたためにわかりはよいが、長すぎてうまくない。のみならず、人道の要領は孔孟二先生が……」

と、ちょうど士規七則の序文と同じようなことをいっている。

とにかくこのころは六則に相違ないが、何月何日ごろ七則になったかはわからないのみならず、彦介の出発までに六則が間にあったのかもわかっていないし、彦介に贈ったという七則の原本も残っていない。ただ後年、乃木将軍が、玉木文之進先生よりもらったものは七則であり、三枚一綴りの細字で、玉木先生の朱筆が加っておったといえば、早くとも一月一一日以後、玉木叔父に見せて、直してもらったことは確かである。

最後に、この七則の月日の考定について、有力な手がかりは、松陰神社所蔵の野山獄文稿中、弘字穀甫説《こうあざなはきほせつ》という文章もまた、元服祝いのために書いてやったのであるが、彦介に与えた原本が現に玉木家に残っていて、安政二年三月一日付になっている。そして神社本の配列の順では、その弘字毅甫説の次に、士規七則が並び、七則の次が三月六日付の書である。つまり、士規七則の配列は、三月一日と六日とのあいだに挟まれている。

弘字毅甫説　　安政二年三月一日

士規七則贈二毅甫加冠一

送三赤川淡水遊二学常陸一序　　三月六日

故に、士規七則の文ができたのは、三月一日から六日までのあいだということに推察できないこともない。ただし、そう決定するにはなお一層確かな証拠がほしいと思う。

士規七則で現今存在するものは、松陰の自筆三点、すなわち（一）萩郊外明木の藤井家、（二）萩松陰神社、（三）東京大谷家、ほかに木版本一種、以上四種である。また六則の草稿の一片が東京の吉田家にある。

そのうち六則が最初のものであることはもちろんである。次に七則のなかで最初のものはどれであるか。大谷家の物のほかは日付がないから確かなことはわからないが、筆跡と文の内容から見て、藤井本が六則にもっとも近く、安政二年春のものであろう。次は松陰神社本である。これは文章はもちろん安政二年春のものであろうが、これを野山獄文稿中に筆録したのは、必ずしも同時とはいえない。しかし筆跡から見れば、安政二年から同三年頃のものである。次が大谷家のもので、安政五年四月二五日である。跋文にある通り、これは大谷家の祖先大谷茂樹すなわち後の大谷樸助《ぼくすけ》が、松陰に師事せるときに書いてもらったものである。木版本の筆跡は、大谷家のものとほとんど同一であるから、安政五年に相違あるまい。これは元来松陰自筆のもので、松下村塾に掲げてあったのを、門弟たちが記念のためにその肉筆を版に彫って分けたものであるという話を乃木将軍が伝えている。

乃木将軍が玉木文之進よりもらったものは、藤井家のものの原稿であろうか、三枚一綴りに清書してあるといえば、字数は相当のもので、のちの簡単な七則本文だけのものではあるまい。藤井家のもののような、注解入りのものであろうと思う。

附録三　藤井本の読み方

広瀬　豊

士規七則の内容は、藤井本のほかは皆同様で、字句が多少違っているにすぎない。ゆえに藤井本の読み方だけを次に掲げる。

冊子を披繙《ひはん》すれば、嘉言《かげん》林の如く躍々《やくやく》として人に迫る。顧《おも》うに人読まず、即《もし》読むとも行わず、苟《まこと》に読みて之を行わば、則ち千万世《せんばんせい》と雖《いえど》も得て尽くすべからず。噫《ああ》復《また》何をか言わん。然《しか》れども知る所あり、言わざること能《あた》わざるは人の至情《しじょう》なり。古人はこれを古《いにしえ》に言い、今吾《いまわれ》これを今に言う、亦何ぞ傷《やぶ》らん。士規七則を作る。然れどもこれ吾が言にあらざるなり。故に聖言賢語《せいげんけんご》、類に触れて援引《えんいん》し以てその義を証す。

一、凡《およ》そ生まれて人たれば、宜《よろ》しく人の禽獣に異なる所以《ゆえん》を知るべし、蓋《けだ》し人には五倫あり、而《しか》して君臣父子をもっとも大《おおい》なりと為《な》す、故に人の人たる所以《ゆえん》は忠孝を本と為す。景子《けいし》曰く、内は則ち父子、外は則ち君臣、人の大倫なり。孟子曰く、人の道有るや、飽食暖衣《ほうしょくだんい》、逸居《いっきょ》して教えなければ、則ち禽獣に近し。聖人、これを憂うる有り。契《せつ》をして司徒《しと》たらしめ、教えるに人倫を以てす。父子親あり。君臣義あり。夫婦別あり。長幼序あり。朋友信あり。（書に曰く天有典を叙す。我が五典を勅《ただ》しくして、五つながら惇《あつ》くせよや。中庸に曰く、君臣なり。父子なり。夫婦なり。昆弟なり。朋友の交りなり。五つの者は、天下の達道なり。）又曰く、人の禽獣に異なる所以《ゆえん》の者は、幾《ほと》んど希《まれ》なり、庶民はこれを去り、君子はこれを存す。

一、凡《およ》そ皇国に生まれては、宜《よろ》しく吾が万国に尊き所以《ゆえん》を知るべし。蓋《けだ》し皇朝は万葉一統《ばんよういっとう》にして、邦国の夫士《ふし》、世禄位《よろくい》を襲《つ》ぐ。人君民を養いて祖業を続《つ》ぎたまい、臣民君に忠して父志《ふし》を継《つ》ぐ。君臣一体忠孝一致なるは、これ吾が万国に尊き所以なり。孔子曰く、武王《ぶおう》・周公はそれ達孝《たっこう》なるかな。それ孝は善く人の志を継ぎ、善く人のことを述べる者なり。詩に曰く、爾《なんじ》の祖を念《おも》うこと無からんや、聿《まこと》に、その徳を修む。（漢の田延年曰く、漢の諡を伝えるや、常に孝と為すは、長く天下をたもち、宗廟をして血食せしむるを以てなり。）

一、士の道は義より大《おおい》なるはなし、義は勇によりて行われ、勇は義によりて長ず。曾子曰く、自ら反《かえり》みて縮《なお》からずば、褐寛博《かっかんばく》（荒い布で作った、だぶだぶの服。賤者）と雖も、吾れ惴《おそれ》ざらんや。自ら反《かえり》みて縮《なお》ければ、千万人と雖も、吾れ往かん。孟子曰く、我れ善く吾が浩然《こうぜん》の気を養う。その気たるや至大至剛《しだいしごう》、直《なおき》を以て養って害することなければ、則ち天地の間に塞《ふさ》がる。その気たるや、義と道とに配す。これ無ければ餒《う》うるなり。これ集義《しゅうぎ》の生ずる所なり。義襲《ぎおそ》いてこれを取るにあらざるなり。行《おこない》心《こころ》に慊《あきた》らざるあれば、則ち餒《う》う。

一、士の行いは、質実にして欺かざるを以て要《よう》と為《な》し、巧詐《こうさ》にして過《あやま》ちを文《かざ》るを以て戒めと為す、光明正大皆これより出ず。

孔子曰く、過《あやま》ちて改めず、これを過ちと謂《い》う。

孟子曰く、古《いにしえ》の君子は過《あやま》てば則ちこれを改む。今の君子は、過てば則ちこれに順《したが》う。古の君子はその過つや、日月《じつげつ》の食《しょく》の如し、民皆これを見る。その更《あらた》むるに及んでや、民皆これを仰ぐ。今の君子は豈徒《あにただ》にこれに順《したが》うのみならんや。またしてこれが辞《じ》を為《な》す。

子貢《しこう》曰く、君子の過つや、人皆これを見る。更むるや人皆これを仰ぐ。

一、人古今《ここん》に通ぜず、聖賢《せいけん》を師とせざれば、則ち鄙夫《ひふ》のみ、書を読みて尚友《しょうゆう》するは君子の事なり。

一、徳を成し、材《さい》を達するには師《し》恩友益《おんゆうえき》多きに居《お》る。故に君子は交わる所を慎む。諺に曰く、朱に交われば則ち赤く、墨に交われば則ち黒しと、信《まこと》なるかな。曾子曰く、君子は文を以て友を会し、友を以て仁を輔《たす》く。孟子曰く、一郷の善士は斯《すなわ》ち一郷の善士を友とし、一国の善士は斯ち一国の善士を友とし、天下の善士は斯ち天下の善士を友とす。天下の善士を友とするを以て未だ足らずとなし、また古の人を尚論《しょうろん》し、その詩を頌《しょう》し、その書を読むに、その人を知らずして可《か》ならんや。ここを以てその世を論ずるなり。これ尚友なり。

一、死して後に已《や》むの四字は、言簡《ことかん》にして義《ぎ》広し。堅忍果決、確乎として抜くべからざるものは、これを舍《お》きて術《じゅつ》なきなり。（曾子曰く、死して後に已む亦遠からずや。諸葛武侯曰く、鞠躬力を尽くして、死して後已む。）

り。

孔子曰く、志士仁人《じんじん》は生を求めて以て仁を害する無し、身を殺して以て仁を成すあり。

孟子曰く、生もまた我が欲する所なり、義もまた我が欲する所なり。二者得て兼ぬるべからざれば、生を舍《す》てて義を取る者なり。生もまた我が欲する所、欲する所は生より甚だしきものあり、故に苟《いやしく》も得ることを為さざるなり。死もまた我が悪《にく》む所、悪む所は死よりも甚だしき者あり。故に患《うれい》も避けざる所あり。

右士規七則、また約して三端《さんたん》となす。曰く、志を立てて万事の源となし、交わりを選びて仁義の行いを輔《たす》け、書を読みて聖賢の訓《おしえ》を稽《かんが》う。士苟《しまこと》にここに得《う》ることあらば、亦《また》以て成人と為すべし。

吉田寅次郎藤原矩方撰《ふじわらのりかたせん》

附録四　武士道論

広瀬　豊

一　緒言

武士道という名が起こったのは、戦国時代の末期であろうか。今のところ、加藤清正の掟書《おきてがき》がいちばん古いことになっている。それがだんだん学者の手に渡って、概念が確定し、内容が整頓《せいとん》されるようになったのは徳川も三代将軍のころ、山鹿素行《やまがそこう》（一六二二～一六八五）をもって第一としなければならぬ。しかし素行は、一度も武士道という語《ことば》を用いたことはない。いつも武道といっていた。

一般に武士道という語を用いるようになったのは、素行の弟子の大道寺友山《だいどうじゆうざん》（一六三九〜一七三〇）からである。けれども、語《ことば》が武道でも、その内容はやはり武士道に相違ない。そうであるから、その武士道の基本精神はいわゆる上古伝来《じょうこでんらい》の民族精神（荒魂《あらみたま》）であって、それが武人全盛の鎌倉時代から、著《いちじる》しい効用を発揮するに至ったのは、別に不思議なことではないのである。ただ戦乱時代には、思想もまた群雄割拠《ぐんゆうかっきょ》で、それらを批判し統一して理論化してくれるものがない。それが、徳川も三代になってようやく落ち着いてから、前代よりの精神的遺物を整理し、これに理論づけをやった人が山鹿素行である。

それから種々《しゅじゅ》の学者が出て、次第に整頓して幕末におよんだのである。しかし整頓がやがて形式に堕《だ》し、ついにはその精神を失い、実行がそれに添《そ》わないことになるのは、何事にも共通な径路《けいろ》である。そしてまた、そういうときには、いつも煩瑣《はんさ》な形式を破って、古《いにしえ》の精神へ復《かえ》るのが、これまたまさに当然の傾向であろう。徳川時代の武士道も、やはりこうした経過を取った。松陰の生きた時代は、その建設への破壊時代なのである。

「武士の習《ならい》」を理論化するに当たっては、その基礎原理を、いずれの倫理学説より取るかによって多少の相違がある。例えば、儒教学者は儒教の立場から、国学者は国学の立場から、また仏教者は仏教の立場から見て、組織を立て説明を与えている。松陰の武士道論に、もっとも関係深き山鹿素行の武道論は、素行の儒教説から出た倫理説を土台としている。故に、今日《こんにち》の人から見れば、大体著《いちじる》しく中国式であることは争えない。ただ素行にあっては、他の儒教学者に比し日本古典に精通し、かつ晩年に至っては、国体精神の自覚が強いために、比較的中国思想脱却の跡《あと》が著しいけれども、それでも松陰ほどにいかなかった。とりわけて武教小学や、語類の臣道・士道・士談のごときは、いまだ十分に老熟していない時代の作であるから無理もないが、これは素行がいかに天才であっても、時代を超絶しきるわけにはいかない証拠である。

松陰の武士道論は、だいたい先師素行の衣鉢《いはつ》を受けている。のみならず松陰においてもっとも尊敬すべきは、学者であると同時に実行者であった、素行魂《だましい》の再生であったことである。ことにまた特筆大書《とくひつたいしょ》を要する点は、学説としてもまた実行においても、たしかに素行に一歩を進めている点である。この点は、さすがに山鹿学統掉尾《がくとうとうび》の一偉才《いさい》であるのに恥じないといってよい。

二　武士道と尊皇思想

武士道の根本精神は、実は尊皇思想《そんのうしそう》でなければならぬ。しかしながら、この理は上古《じょうこ》王政《おうせい》の時代においては事実でありえたが、鎌倉時代以後においては、尊皇思想とは関係が薄いというよりも、むしろそれを縮小したような主従関係に移ったために、本来の面目《めんもく》を失ったのである。けれども、範囲が小なるだけにまとまりがよく、かつ極《きわ》めて素朴に、思う存分に精神の流露《りゅうろ》ができたから、その小範囲における民族精神は、かなりに培養《ばいよう》し鍛錬《たんれん》されたことは疑いない。故にひとたび本来の面目を自覚するやその民族精神が、そのまま十分の効力を発揮することができた。

徳川時代の武士道の大体の傾向は、やはりその小範囲を出てはいないが、これを思想的に研究し、国体に基《もと》づいた本来の面目を考える者は、「これではならぬ」と考えていたのである。山鹿素行のごときは、まさにその一人であった。しかしそれは時代の反抗者として睨《にら》まれる患《うれ》いがあり、何か一大事変が起こらなければ、公然と発表することは困難であったに違いない。しからざればよほど曖昧《あいまい》な態度で発表しなければならなかった。当時の学者の多くはこの曖昧学者であった。

しかるに松陰は、幸《さいわ》いにも幕末変動の時機《じき》に際しているために、はじめは徐々に、のちには大っぴらに本来の面目を大声叱呼《たいせいしっこ》することができた。以下に松陰の尊皇思想に基づいた武士道精神そのものを語ることにしよう。

三　士規七則に現れたる武士道

松陰の武士道思想も、尊皇思想と同様に、だんだんと発達してきたものである。故に一躍して士規七則ができたのでもなければ、安政二年二十六歳の士規七則をもって、松陰の武士道は終れりと申すわけにもいかない。

士規七則についてはすでに少しく述べた。しかし前には七則それ自体について、または尊皇思想を主にして論述したものなれば、ここでは武士道全体における士規七則の特色について述べる。

前にも申し述べた通り、大体から見て、この士規七則ほど簡明に武士道の精髄《せいずい》をよく現した文章は他にあるまい。その点において天下一品といってよい。まず前提として武士道の倫理上の地位を明らかにせんがために、第一に人倫《じんりん》の大道《たいどう》を、次に日本道徳の特質を述べ、本論に武士の本領（第三条・第四条）を叙し、終わりに武士道修養の方法と覚悟とを説いている。

第三条の士の道は云々《うんぬん》のところを、藤井本の註には、

曾子曰く、自ら反《かえり》みて縮《なお》からずば、褐寛博《かつかんばく》と雖《いえど》も、吾れ惴《おそれ》ざらんや。自ら反《かえり》みて縮《なお》ければ、千万人と雖も、吾れ往《ゆ》かん。

孟子曰く、我れ善く吾が浩然《こうぜん》の気を養う。その気たるや至大至剛《しだいしごう》、直《なおき》を以て養って害することなければ、則ち天地の間に塞《ふさ》がる。その気たるや、義と道とに配す。これ無けれ

ば餒《う》うるなり。これ集義《しゅうぎ》の生ずる所なり。義襲《ぎおそ》いてこれを取るにはあらざるなり。行《おこない》心《こころ》に慊《あきた》らざるあれば、則ち餒《う》う。

と、すなわちこれで見ると、義とは自ら正しいと信ずることである。その自信が勇気の根源であるとしている。

次に第四条の士の行いは云々《うんぬん》の註には、

孔子曰く、過《あやま》ちて改めず、これを過ちと謂《い》う。

孟子曰く、古《いにしえ》の君子は過《あやま》てば則ちこれを改む。今の君子は、過てば則ちこれに順《したが》う。古の君子はその過つや、日月《じつげつ》の食《しょく》の如し、民皆これを見る。その更《あらた》むるに及んでや、民皆これを仰ぐ。今の君子は豈徒《あにただ》にこれに順《したが》うのみならんや。また従ってこれが辞《じ》を為《な》す。

子貢《しこう》曰く、君子の過つや、人皆これを見る。更むるや人皆これを仰ぐ。

要するに、正直すなわち正をもって、武士道の要旨としている。かくのごとく、この士規七則における武士道の要点は、正にある。「正しい」これ実に、日本民族の根本精神にして、いやしくも日本人である以上は、いまだかつてこの根本精神を離れたものは一人《いちにん》もあるまい。ただある場合に、何が正しいかの問題に疑問を生じたために、非難されたものはあるが、それは愚昧《ぐまい》のいたすところにして、むしろ憐《あわ》れむべきといわねばならぬ。

松陰はこの士規をもって、うまくできたとは思っていないことは前にも述べた。そしてそののち二年を経《へ》て、安政四、五年のころ、門弟の一人横山重五郎（一八四一～一九〇六）に、

「日本武士道の如《ごと》きその気象甚《はなは》だ好《よ》し、唯惜《ただお》しむ道を知らざるのみ、これを道に斟酌《しんしゃく》し一法を作り度《た》きものなり」

と言ったのを見ても、士規七則が右の会心《かいしん》の一法ではなく、また当時のいわゆる武士道についても、改良意見を持っていたことがわかる。ただし、安政五年にも、この士規七則を書いて門弟に与えているから、文同じくして、しかも後年の、進んだ思想を含むものと見られぬこともない。

四　講孟余話に現れたる武士道

士規七則についで、武士道を語っているものは、安政三年にできあがった講孟余話《こうもうよわ》である。そのうちの主なるものを挙《あ》げれば、

第一は、武士の職分を知ることである。彼曰く、「今《いま》の士《し》は名《な》づけて武士《ぶし》という。その本職禍乱を平け、夷賊を攘うにあり……」と、

第二は、恥を知るべきこと、「そもそも恥《はじ》の一字《じ》は、本邦武士《ほんぽうぶし》の常言《じょうげん》にして、恥《はじ》を知《し》らざるほど恥《はじ》なるはなし。武士《ぶし》の恥《はじ》を知《し》らざること、今日《こんにち》にも至《いた》り極《きわ》まれり。武道《ぶどう》（武士道）を興《おこ》さんとならば、先《ま》ず恥の一字《じ》より興《おこ》すべし……」。

第三は、利欲に恬淡《てんたん》なること、「恒産《こうさん》なくして恒心《こうしん》あるものは、惟《ただ》士《し》のみ能《よ》くすと為《な》すと、この一句《く》にて士道《しどう》を悟《さと》るべし、諺《ことわざ》に云《い》う、武士《ぶし》は食《く》わねど高楊枝《たかようじ》と、またこの意《い》なり……」と、

以上はいずれも武士道に必須《ひっす》の徳目《とくもく》に相違ないが、しかし単に武士にのみ必要なものではない。しからば武士道の武士道であるゆえんはいずれにありや。彼はこれに答えて、「国のために命を惜《お》しまないこと」だと言っている。すなわち、「武士道《ぶしどう》を以《もっ》て考《かんが》えるべし、武士《ぶし》たる所《ところ》は国《くに》の為《ため》に命《いのち》を惜《お》しまぬ事《こと》なり、弓馬刀槍銃砲《きゅうばとうそうじゅうほう》の技芸《ぎげい》に非《あら》ず、国《くに》の為《ため》に命《いのち》さえ惜《お》しまねば、技芸《ぎげい》なしと云《い》うとも武士《ぶし》なり、技芸《ぎげい》ありと云《い》うとも、国《くに》の為《ため》に命《いのち》を惜《お》しむは武士《ぶし》に非《あら》ず……」と、

右の一言、ただその一言は実に武士道の精髄《せいずい》である。ただし「然《しかれ》ども武士《ぶし》の武士《ぶし》たる所《ところ》を知《し》る上《うえ》は、技芸固《ぎげいもと》より捨《す》つべきに非《あら》ず、記誦詞章《きしょうししょう》も亦斯《またかく》の如《ごと》し……」と、技術もまた決して軽んじてはいない。しかしこれは精神ができての上のことだと言うのである。「真《しん》の武士《ぶし》の、国《くに》の為《ため》に命《いのち》を惜《お》しまざるの胆《たん》ありて、又武芸《またぶげい》に長《ちょう》ずるが如《ごと》し……」これらの考えがのちには彼の教育方針として現れてくるのである。

五　武教全書講録に現れたる武士道

これは安政三年冬の作で、講孟余話にすぐ引き続いた著作であるから、思想としてはあまり離れていないはずである。しかしてこの講録は、素行の武教小学の講義である。しかしながら、素行はこれをもって武士道の教科書としたものであり、松陰の武士道もまた、これでその全体像を示している。さればその説明などは堂《どう》に入《い》ったもので、素行の武教小学をこれほど立派に説明したものは、いまだ世に出ていないのである。その特色は、素行の国体論をなお一層強調したることと、武教小学が漢文なるために、ややもすれば中国思想に陥《おちい》る患《うれ》いがあるのに反し、なるべく日本語、しかも極《きわ》めて適切なる語《ことば》を用いて一層日本精神を発揮したる点である。

例えば小学の、行住坐臥《ぎょうじゅうざが》ただ敬《けい》を主《しゅ》とすることを述べたる一説を講ずるに当たりては、「敬《けい》は乃《すなわ》ち備《び》なり、武士道にては是を覚悟と云……」のごとき、あるいはまた、子孫教戒《しそんきょうかい》に、「教戒《きょうかい》の大本《たいほん》、武《ぶ》（士《し》）道《どう》の眼目《がんもく》は、大丈夫となる事也……士者《しは》以二大丈夫一為レ勇と云事《いうこと》、日夜《にちや》朝暮《ちょうぼ》に姑《しばら》くも忘《わす》るべき事《こと》に非《あら》ず……」などこれである。なお、素行は常に士道《しどう》といってやはり中国風であるが、松陰はときには士道ともいったが、多くの場合特に後年は、武士道、武士道と大声叱呼《たいせいしっこ》これにつとめていることは際立ってみえる。

六　坐獄日録に現れたる武士道論

安政六年の春、すなわち彼が三十歳の作にして、この種の論としては最後のものである。その冒頭に例の「吾幼にして漢籍にのみ浸淫して、尊き皇国の事には甚だ疎ければ事々に恥《はじ》思《おも》う」と記されている。すなわち、実際松陰は国文よりも中国の書籍を読みすぎて、というよりも国文の修養が足りぬために、知らず知らず漢籍の束縛《そくばく》を受け、中国の思想に引き入れられていく傾向《けいこう》を恐れていた。言うまでもなく、偽《いつわ》りのない言葉は魂《たましい》である。故に日本精神を述ぶるにはやはり日本語でなければ十分ではない。しかるに松陰にしてなおかつ漢文を過信したこともひとつの見誤りで、それがこのころになって、かかる歎声《たんせい》を漏《も》らさせた原因であろう。

士規七則などは、よほどその点に注意しても、やはり中国思想の束縛《そくばく》は免《まぬが》れない。特にその注釈にいたりては、例をことごとく漢籍に取りて、近代人から見れば頗《すこぶ》る中国臭《くさ》く、武教全書講録とは比すべくもない。その武教全書講録も、まだ十分にというわけには参らず、とうとう安政六年の歎声になったとみてもよいと思う。

しかして、今や純粋の日本精神の立場に立ってみれば、いわゆる武士道はやはり、「漢土《かんど》天竺《てんじく》の臣道《しんどう》は吾《われ》知《し》らず、皇国《こうこく》においては宝祚素より無窮なれば、臣道も亦無窮なる事深《ことふか》く思《おもい》を留《とど》むべし。」「臣道《しんどう》いかにぞと問《と》わば、天忍日命《あまのおしひのみこと》のことだてに、海行かば水づく屍山行かば草むす屍大君のへにこそ死なめのどには死なじ、是なん臣道ならん」と、中国思想の影響を受けていない、往古の思想に還《かえ》ったのであろう。

七　山鹿素行の士道と松陰の武士道との主なる相異

じつは両者の相違と言わんよりは、距離といった方がよいかもしれぬ。すなわち松陰は素行よりも、より日本的である。それは前にも述べたように、日本の日本たるゆえんの討究《とうきゅう》を、究極にまで煎《せん》じ詰《つ》めた結果として、当然現れてこなければならぬ結論である。すなわち素行においては、「君父《くんぷ》について、一方《いっぽう》を不レ棄《すてず》しては不レ叶事《かなわざること》あらば、如何《いか》にして可《か》ならんとならば、君《きみ》の恩《おん》の軽重《けいじゅう》を詳《つまびらか》に究《きわ》めて、而《しか》して後《のち》に其決断《そのけつだん》をなすべし」とか、「いさめて不レ行《おこなわざれ》ば速《すみやか》に退《しりぞく》は古《いにしえ》の道也《みちなり》」などと、いささか中国思想であるが、松陰は徹底的に排功利主義で「君《きみ》に事《つか》えて遇《あ》わざる時《とき》は諫死するも可《か》なり、幽囚《ゆうしゅう》するも可《か》なり、飢餓《きが》するも可也《かなり》……」と、断々呼《だんだんこ》として君臣《くんしん》一体論を主張しているのである。

附録五　乃木希典の士規七則講話

乃木　希典

士規七則ハ既ニ諸君了知セラルル所ニシテ、一々是ヲ説明スル要無カルベシ、今日ニシテハ軍人ニ賜リタル御勅諭ガ我々軍人ノ奉戴スベキモノニシテ、他ニ之ニ代ハルモノヲ求メル事ハ出来ヌ。然レドモ此ノ勅諭ヲ下シ賜リタル以前ニ於テハ、我々当時ノ青年ハ、先輩ヨリ、今ノ御勅諭ノ如ク、此ノ七則ニ就イテ訓戒セラレタルモノナリ。而シテ我防長即チ毛利家勤皇ノ功績ハ、祖先以来殊ニ中正公ノ御忠節ニヨリテ発揮セラレ、今日皇室ノ御繁栄ヲ来タセルモ一ニハ之ニ因ルト云ヒ奉ルモ不可無シ。維新建業ノ際偉勲ヲ奏セシ人々ハ吉田先生ノ薫陶ヲ受ケタル者多ク、換言スレバ吉田先生ノ功大ナリト云フヲ得ベキモノニシテ、我々其ノ後ニ人ト成リシ輩ハ、実ニ先生ノ七則ヲ尊信スルコト今日ノ御勅諭ノ如ク、精神鍛錬ノ準據トシタルモノデアル。

勅諭ハ陛下ノ下シ賜リタルモノニシテ、臣民トシテ皇室ニ対スル勤王ノ心ヲ養フモノタリ。而シテ之ト比較スルモ畏レ多キコトデアルガ、士規七則ハ我々毛利家ノ治下ニアリタル者ニ対シテハ之ト同様ニ最モ肝要ナル教訓デアツタ。今日ニ於テモ同様ナルモノト思フ。由来我山口県人ハ毛利家数百年来勤王ノ精神ニ依テ成立セルモノニシテ、明治維新ニ際シ、毛利家ノ名物タル吉田松陰アリテ此勤王ノ方針ヲ遺憾ナク発揮セラレタルモノナルコトハ、吾人ノ一日モ忘ルベカラザルコトデアル。然リ而シテ其ノ教ヲセラレタルモノハ、即チ毛利家代々勤王ノ趣旨ニ背カザルノミナラズ、後日ト雖モ尚モ之ヲ発展スルノ要アルヤ、勿論ナリ。今茲ニ七則ヲ述べ、併セテ我々軍人ガ如何ニシテ之ヲ遵守スベキヤヲ述ベム。

士規七則ノ条文

一、人ト生マレテハ、禽獣ニ異ナルコトヲ知ルベシ。人ニハ五倫有リ。就中君臣父子ニ於ケル忠孝ヲ大切トスル、之ガ分カラナケレバ、人ニ似タ禽獣デアル。

二、国体ニ就イテハ無論今日ノ学校ニテモ教ツヽアルモ、軍人ハ独リ戦時ニ命ヲ惜シマズトイフ許リデハナラヌ、無事ノ日ニ於テハ、又宜シク国民ノ模範タラザルベカラズ。他ヲ感化シテ、幸徳秋水ノ如キ者ヲ生ゼザル如ク、国民ノ精神ヲ振起セザルベカラズ。然ラザレバ我々ハ軍人トシテ、将又臣民トシテ、万世一系ノ皇室ヲ奉戴スルモ甲斐ナキモノデアル。世態ノ此ノ如クナレルハ、我々ガ諸君ニ対シ百倍ノ罪ヲ負フベキモノナレドモ、願ハクハ諸君モ我々ニ助力シ、之ガ根滅ニ努メラレンコトヲ望ム。七則中第一ノコトハ、人ノ禽獣ニ異ナル所以ニシテ、一般ノ人ニツイテモ云フモノナルモ、第二ノコトハ、封建時代ニ在リテハ、大名ナリ武士ナリニ就イテ云フコトニシテ、今日ニ在リテハ軍人ノ任務デアル。華族即チ祖先以来ノ優遇ヲ受ケ、今日ノ位置ニアリテ、子孫其家ヲ継グベキ人ハ、勿論分相応ナルコトハ尽クサヾルベカラザルモ、軍人トシテ殊ニ将校トシテ、今日ソノ位置ニ立チ、部下ヲ訓練スル者ハ、所謂武門武士ノ心ヲ以テ自ラ任ジ、国体ノ如何ヲ稽ヘ、修身ノ事業トシテ深ク意ヲ用フルニアラザレバ、其職務ヲ尽クス能ハズ。故ニ国体トイフコトニ就イテハ、最モ重キヲ置カネバナラヌ。

三、武士道ハ、我々将校ノ自ラ任トシテ之ニ当タルベキモノナリ。義ノ心薄キハ士タルノ値無シ。士タル者ハ義ヲ肝要トス。義ハ之ヲ守リ行フニ勇気ヲ要ス。人情ニ外レザランコトヲ是レ恐レ、交際上ニノミ細心注意シアル者ハ、義ヲ行フコトハ出来ヌ。多少世間ト異ナリタル考慮ガ無ケレバナラヌ。然ラザレバ決シテ義ヲ保チ得ルモノニアラズ。勇気モ亦義ノ為ニ長ズルモノニシテ、所謂廉恥ノ心ハ義ノ発端デアル。恥ヲ知ルハ勇ニ近キ訳デアル。

四、四ノ行ニ就イテハ、質実ナルコト最モ大切ナリ。質素ニ関シテハ、勅諭ニアル通リデアル。而シテ此ノコトヲ行フハ甚ダ困難ナルモノナリ。質素ハ動モスレバ他ノ誹謗ヲ受ケヤスク、吝嗇ト同視セラルヽヲ以テ、中庸ヲ得ルニ深キ研究ヲ要ス。即チ、義ノ何タルカヲ解セザレバ、質素ノ如何ヲ知ラザルニ至ル。乃チ人ハ質素ニシテ苟モ実用ニ反スルコトガアツテハナラヌ。値低フシテ実用ニ堪ヘザルモノヲ購フハ不可ナリ。又実用ニ堪ユルモノト雖モ、力及バザルモノヲ購フ如キ又不可ナリ。優美ニ過ギルハ士ノ恥ナリ。文ニ過ギル者ハ固ク戒メネバナラズ、質実ヲ得ザル者ハ公明正大ナルコト能ハズ。兎角交際ニ流ルレバ、奢侈柔惰ニ陥リ費用多シ。従ツテ金銭ヲ欲スルニ至ル。然ルトキハ心中ニ悪意ヲ萌シ物ヲ貪リ他ヲ欺クニ至リ、不当ノ借財ヲ為スニ至ル。是レ文飾ニ過グルノ弊ナリ。常ニ公明正大ヲ心掛ケ質実ヲ守ルコトハ、諸君ガ学校ヲ出デ将校ト交際スルニ当リ、心掛クベキ重要ノコトデアル。

五、道義ヲ研究シ、聖賢ノ道ヲ守ルコト亦タ甚肝要ナリ。聖賢ノ道トサヘ言ヘバ、孔子トカ、孟子トカ、四書五経ヲ思ヒ、支那人ニ限ルガ如ク考フ、是大ナル過デアル。我ガ国決シテ聖明ノ君主忠誠賢良ノ臣子少ナカラズ山鹿素行先生ノ如キハ、大ニ之ヲ論ゼラレタ書物モアル。殊ニ吉田松陰先生ノ如キハ、最モ其ノ説ヲ尊信サルル念深カリシコトハ明ラカデアル。

六、上述ノ如ク、節義道徳ヲ磨キ、又現時文明社会ノ学芸ヲ修得シテ、常ニ切磋琢磨スルコト極メテ必要ナリ。之ガ為ニハ、君子ハ交友ヲ慎ムコト緊要ニシテ、学術徳義ノ上ニ就キ、其ノ人ノ長所ヲ尊信シテ交ヲ結ブヲ必要トス。唯其欠点ノミヲ見テ、之ヲ遂ニ嫌フトキハ友無キニ至ルベシ。但己ノ節義ニ害アル者ハ断ジテ之ヲ絶ツベク、止ムヲ得ザルモ其心得ヲ以テ交ハラネバナラヌ。而シテ又自ラ他ノ欠点ヲ矯正スルノ力ヲ備ヘザルベカラズ。是レ将校タル者ハ部下ヲ持ツニ良キ者ノミヲ選定スルコト能ハザレバナリ。長上ニハ服従シ若シ非理ノコトアレバ、能ク自ラ研究シタル後、其教ヲ受クベキモノデアル。同輩特ニ気ノ合ヒタル友達ニ於テハ、不知不識ニ化セラルルコトアリ。我ガ好ム所ハ彼亦好ミ、遂ニ其欠点ヲ見出ス能ハザルニ至ル。故ニ深ク慎マネバナラヌ。人ヲ批難シ、又職務上ノ妨害ヲ為スガ如キハ、不心得ノ甚ダシキ者デアル。

七、近頃死シテ猶止マズナド言フ者有リ。抑モ生アル内ニ事ヲ遂ゲ得ザル者ガ、死シテ事ヲ遂グル筈ナシ。意気ハ可ナルガ如キモ空言ニ過ギナイ。死スル際マデ恥ヲカヽザルコトコソ望マシケレ。

右ノ如ク、余ガ士規七則ヲ尊信スル精神ノ大略ヲ述ベタルヲ以テ、今後将校トシテ社会ニ立ツ上ノ参考トセラルヽナラバ、害ナクシテ多少ノ益モアランカ。

附録六　山鹿素行先生を尊崇するに至りたる動機

乃木　希典

山鹿素行《やまがそこう》先生の偉〔ママ〕大なる人傑《じんけつ》であって、我が国の精華《せいか》ともいうべき武士道の、発展鼓吹《こすい》の上に、非常の貢献をなされたことは今さら言うまでもないことである、不肖《ふしょう》余の如きも、幼少より先生を尊崇し、先生の教えの一端になりと叶うように致したいものと平常より心がけているが、なかなかその万一をも実行することができず、慚愧《ざんき》に堪《た》えない次第である。されば先生に対しての意見云々《うんぬん》などと求められても、ただただ閉口のほかはないが、その尊崇の度においては、あえて他人に譲らないつもりであって、この間の祭典にも自ら進んで、その式に列したようなわけである。また先生の著書は年少の時より心がけて、山鹿語録、中朝事実などをはじめとして、できるだけは閲読《えつどく》している。先達も先生の注釈された孫子が、松浦家に秘蔵されてあると聞いたから、ぜひ閲読したいと思って、もし拝借《はいしゃく》ができなければその地で写させることを許してもらいたいと依頼しておいたが、いまだ何ともその御返事に接しない。かくのごとく先生の教えについては、およばずながら充分の注意を払っているつもりである。

余が山鹿先生を尊崇するに至った原因とも、動機ともいうべきは、余の少年時代における諸先輩の感化が、与《あずか》って力あったことで、それをお話しする前にちょっと余の家系の話をするのを順序と思う。余の家は代々毛利家の分家ともいうべき長府の毛利家の家臣であるが、余より四代ほど前の祖先の代に、余の主家より出でて、本家の毛利家を継がれた御方がある。そのとき余の祖先の弟が、その御方に扈従《こしょう》して御本家の家臣となり新たに家を起こして玉木姓を名乗った。そこで余の家と玉木家とは本支の関係ともいうべきわけで、もっとも親密なる親族関係を維持したのである。ところで余の父の代になって、玉木家に子がなかったために、杉家より文之進という人を迎えて、その後を継がせることになった。

この玉木文之進という人は、正韞と名乗って、吉田松陰先生の叔父に当たる。なかなか剛《ごう》毅《き》厳格《げんかく》なひとであって、勤王の志《こころざし》篤《あつ》く松陰先生始め当時の先輩はみな師事しておられたようである。もちろん平生《へいぜい》から、山鹿先生の事績や教義を研究して、深く尊崇の念を抱かれていた。また吉田家は山鹿三重伝のひとつであって山鹿流の軍学をもって、毛利家に仕えた家柄で、その相続は血統よりも軍学に重きを置き、子供の有無《うむ》にかかわらず、門弟なり、親《しん》戚《せき》なり、あるいは己《おのれ》の子なりのなか、もっとも山鹿流の軍学に上達した者に相続させることになっていた。松陰先生が杉家から出て、この吉田家を相続したというだけでも、すでに山鹿流の軍学に上達しておられたことが明らかである。そのうえ松陰先生は、松浦家の山鹿氏へも誓紙血判して入門した証拠が残っている。かくのごとく玉木文之進と松陰先生とはともに熱心なる山鹿先生の尊崇者であって、その軍学なり、人格なりをたがいに研究切磋《せっさ》せられて、おおいに修養につとめられていた由である。その結果、同志の人や教えを乞《こ》う人など、漸次《ぜんじ》増えてきたので、松下村塾《しょうかそんじゅく》というものを玉木氏の宅に設《もう》けることになった。その後二年ほどすぎてから、玉木氏は御役の都合《つごう》でいろいろ忙しくなったため、松下村塾を杉氏の宅に移すことになったのである。世人の言うように御維新の霊火が松下村塾より燃え出したということが果たして事実であるならば、その第一曙光は、この玉木氏の宅に発したと言わなければならぬ。

余は幼年ながら、この玉木氏と松陰先生との関係や、その人となりを聞き込んで、遥かに欽慕に堪えなかったのである。余は今でもあまり強壮《きょうそう》ともいわれないが、幼少の折は至って虚弱で、いかに自分で残念と思っても、武芸万端常に人後《じんご》に落ちるを免《まぬが》れなかった。そこで何とかひとつ奮発《ふんぱつ》して人並みの者になりたいと考えたが、とうていこんな弱い身体では武芸で身を立てることは難しいから、これは学問を一心に勉強するがよかろう、それにしては家にいては駄目だから、玉木先生のところに出かけて頼むのが一番だと決心して、とうとう家をば無断で飛び出した。それがちょうど十六歳のときであった。

前にも言う通り、この玉木文之進という人は至って厳格な性質であったから、余が学問がしたいといって家に無断で出てきたのを非常に立腹されて、どうしても余の願いを叶えてくれない。武士の家に生まれながら、身体が弱いから武芸ができないなどとは、もってのほかの不届至極《ふとどきしごく》である、そんな心がけで学問などはなおさらできるものではない、そういう腰抜けは断じてこの身は世話することはできないという剣幕《けんまく》だ。しかし余も一心じゃ、どうあってもこの家から動かないと覚悟を決めて、三日三晩座り込んだ、この決心にいくぶんか心を動かされたようすで、かつ文之進氏の夫人が、傍観《ぼうかん》してよほど気の毒に感ぜられたと見えて、いろいろ取りなしてくれた結果、ようやくお許しが出ることになったのである。

そこで学問もしなければならないが、武芸も怠ってはいかんと、非常に厳重な薫陶《くんとう》を受けることになった。そのころ文之進氏は御役もやめて暇なときであったが、常に小刀を帯して親《みずか》ら畑を耕すという風で、余も同様日課としてそれを遣《や》らされたのである。学問といえば、その当時のことであるから、漢学が主なるものであったのは言うまでもないが、文之進氏は、山鹿流の軍学はもっとも大切なるものとして教えられ、山鹿先生の話は平生熱心に説き聞かされたのである。これが余の脳裏《のうり》に山鹿先生の豪《えら》い人物であるということを、深く刻みこむに至った原因とも、動機ともなった次第である。

そのころは松下村塾はすでに杉氏の宅に移ったよほどのちであり、松陰先生は禁錮されたのちであったから、余は松陰先生にはお目にかからずにしまったが、文之進氏は常に松陰先生を誉《ほ》めておられ、それに関連して山鹿先生の談におよぶのが、お決まりのようであった。松陰先生もまた、文之進氏をよほど信頼しておられたようすで、国事に関することについても、始終手紙の往復があったようである。ことに獄中より例の士規七則を塵紙《ちりがみ》のごとき小さな紙に細かに認《したた》められ、文之進氏の意見を求めてよこし、文之進氏はそれに評を加えて送り返し、松陰先生はそれにまた意見を附して送ってくるという風で、その紙はほとんど隙《すき》もなく書かれてあった。それを文之進氏より余が頂戴《ちょうだい》して御守り同様常に肌を離さなかったが、残念なことには、（明治）十年の西南の役に二月二十三日の晩、大敗して河に飛び込んで遁げたとき、紛失《ふんしつ》してしまったが、実に今から考えても惜《お》しくて堪《たま》らない。

文之進氏には子がなかったため、余の弟の正誼という者を養子にされたが、これは前原の乱に党《なかま》して討ち死にした。文之進氏も前原が乱を起こすというとき、割腹して死なれた。これは自分の子弟同様の者どもが、左様なことをしては面目ないという理由だったらしい。今でも生きておられればおられる御年なのに、実に残念なことをした。

まあ、以上のごとき理由で余は山鹿先生に関する話を聞いたり、先生の著書を見たりするたびに、いつでも、文之進氏や松陰先生のことを思い出して、したがって余が幼年のときを回想して、常に無量の感に打たれるのである。（筆記）

（明治四一年四月一日発行「日本及日本人」より転載）

附録七　吉田松陰先生の薫化

乃木　希典

余は直接松陰先生よりご教授を受けしこともなく、またご面会する機会にも接しなかったため、先生のご行動その他についてはあまり多くを語るべき事実を持たないが、その教訓、その感化は、間接とはいえ、深く余の骨髄に浸潤《しんじゅん》して、幼少よりもこの年にいたるまで、常住坐臥、常に先生の教訓に背《そむ》かざらんことをつとめているが、魯鈍《ろどん》の質、いまだその万一をも行うことのできないのは、深く自ら慚愧に堪えない次第である。

そのころ余の父は、旧藩主の御守役を勤めて、永く萩に赴《おもむ》きおりしをもって、先生の講述された、武教全書をはじめ各種の講録を謄写《とうしゃ》しており、余にも命じて写させられたことがある。これが余の初めて先生を知るの動機であって、幼きながら先生の薫化《くんか》を心に感じた導火である。その後十六の年より玉木の家にいてその薫陶《くんとう》を受けることとなってから、玉木およびその婦人より日常先生に関する話を聞き、いよいよその非常の人物であることを感じ、また各種先生の著書その他を謄写させられるにおよんで、ますます先生の尊崇すべきことを、心頭に銘ずるようになった。それより常に心がけて、先生の著書、講録、詩歌など、出版になったものもならないものも、読みもし、写しもし、東京に出てからも、吉田家に残っている先生の遺書などは、できるだけ拝読して今日におよんだわけである。

そういう次第で、余の受けた先生の薫化は、みな間接的であるが、玉木およびその夫人から一挙一動について、先生を模範として訓戒されたので、実に忘るべからざるものがたくさんある。なかにも先生は、非常の勤勉家であったそうで、玉木は常に、寅次郎の半分勉強すれば大丈夫じゃといっていた。先生はあまり強壮な体質でもなかったそうだが、精神の健全であったためであろう、決して居眠りするとか、欠伸《あくび》するなどのことはなかったとは、しばしば聞かされたところである。また先生は下人や下女を使い、何か用を命ずるに、たとえ自

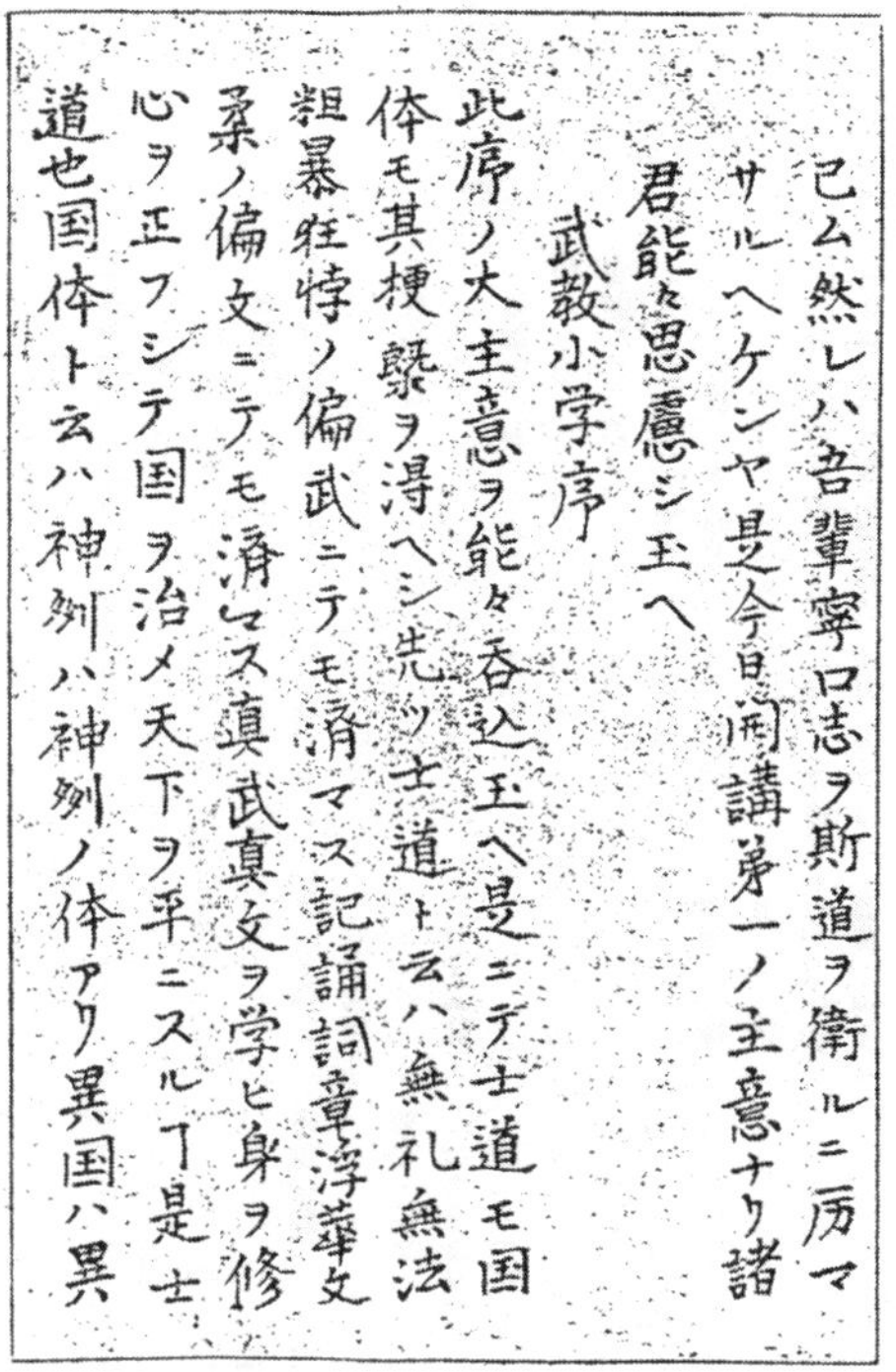

已ム然レハ吾輩寧ロ志ヲ斯道ヲ衛ルニ厉マ
サルヘケンヤ是今日開講第一ノ主意ナリ諸
君能々思慮シ玉ヘ
武教小学序
此序ノ大主意ヲ能々呑込玉ヘ是ニテ士道モ国
体モ其梗槩ヲ得ヘシ先ツ士道ト云ハ無礼無法
粗暴狂悖ノ偏武ニテモ済マス記誦詞章浮華文
柔ノ偏文ニテモ済マス真武真文ヲ学ヒ身ヲ修
心ヲ正フシテ国ヲ治メ天下ヲ平ニスル丁是士
道也国体ト云ハ神州ハ神州ノ体アリ異国ハ異

乃木大将厳父の手書きせられたる武教講録の縮写

分の内の者なりとても、自分の手でできることを、みだりに言いつけることなどはなかったそうで、自分の衣服調度などは、幼少のころより人手を借りるなどのことを決してせず、人より催促《さいそく》されて取り片付けし例もなかったと、よく玉木夫人が話さるることである。また先生は、老人や婦女、少児などに対しても、至極《しごく》温和に、親切に、決して無愛想《ぶあいそう》をしたり、うるさがるようなこともなく、充分気をつけて待遇《たいぐう》されていたことを、よく模範に挙《あ》げて玉木および夫人より余を訓戒されたことを、今にも目に見るごとく記憶に存している。

先生のその身を修《おさ》め、また一家親近の者に対する行いは、右に言う通りであったそうじゃが、一藩の人に対してもまた同様であったということである。その松下村塾を開いて、年少子弟を集め、教授を始めても、よく人その性情習癖を察して、一々これに適応するように訓戒されたそうであるが、弟子の人々に贈られた手紙などを見ても、その人々の性格によって、訓戒の点を異にされているところが明らかに認められて、いかにその用意の周到であったかを想見するにあまりあるのである。武教講録のごときも、その書中にある通り、親戚故旧の子弟を集めて、講義しつつ書かれたものだが、この書を見ただけでも、先生の周到なる用意と、謹厳なる性格とが躍々《やくやく》として紙上に現れているように思われる。

このように尊崇すべき性格と、偉大なる識見とを抱かれていた先生も、その当時の世に遇い難く、その非常に卓越せし先見《せんけん》の明《めい》がかえってその身に累《るい》せらるるようになったわけじゃが、その郷里に幽囚《ゆうしゅう》されているあいだにも、充分先生を知悉《ちしつ》する者は、至って少なく、滔々《とうとう》たる一藩中は、ほとんど無感覚といってもよろしかったそうで、なかには国禁を犯してその身を危うくするがごときは、粗暴である狂体であるなどと、悪罵を加えていた者もあって、真誠に先生に敬服し、尊信していた者は、直接の門弟子その他を合わせて五十人を出なかったであろうということじゃ。

ただし、少数ながらこれらの人々は、誠心誠意、先生を尊崇しており、一死なお先生の精神を天下後世に伝えんと決心していた意気は、実に壮《さか》んなものである。その一例は、先生の死後、士規七則その他一二の本を出版せんとしたとき、先生の直筆は残して、別に写して版にしようという説もあったが、いやこれは先生の精神の籠《こ》もったものじゃから、ただちにこれを版木に彫りつけて、本にしたならば、この本を手にしこの本を読む者、皆先生の精神を承《う》け継《つ》いで感奮激励、先生の教えを天下に拡めるに至るだろうという議論の方が、勝ちを制して、先生の直筆をそのまま、版木に彫りつけたという話もある。

このように門弟子たちの意気は非常に壮《さか》んなもので、少数とはいいながら、確乎不抜《かっこふばつ》の精神をもって、先生の遺志を継ぎ、その高弟である高杉、久坂、品川、野村、その他の人々が主唱となって、ついには藩論を動かし、一時は非常の窮境に陥《おちい》り、これらの人々は幾度か生死の間に出入りしたが、よく先生の遺志を奉体して維新の大業を翼賛《よくさん》するに至ったのである。これ門弟子の誠意熱心、先生の教えを奉することの篤《あつ》きに因《よ》れるはもちろんであるが、その原因は、一に先生の謹厳懇篤である薫化の力が、門弟子を導いてここに至らしめたといわねばならない。

またここに先生をして、このような偉大な薫化と潜勢力を養うに至らしめたひとつの原因がある。それはすなわち当時の旧藩主忠正公、現毛利公爵の祖父に当たられる、慶親と申された御方の庇護《ひご》が、先生をして奮発せしむるにおおいに与《あずか》って力があったということである。忠正公は先生の子供時分より、その偉器であるのに着眼されて、厚く恩義を加えられるとともに、常に先生の心を励ますような御言葉を賜《たまわ》ったそうである。野村子爵の談によると、先生が非常の学識卓見を抱いて、熱烈なる忠君愛国の精神をもって、ついにその身を犠《ぎ》牲《せい》に供されるに至ったのは、まったく忠正公の御感化がその重きをなしているということは、しばしば聞くところであるが、先生もまた忠正公の恩義に背《そむ》かざらんことを期されていたのは、その著書、手紙、言語、行動に徴《しる》して明らかなことで、ことさら述べる必要もないことである。

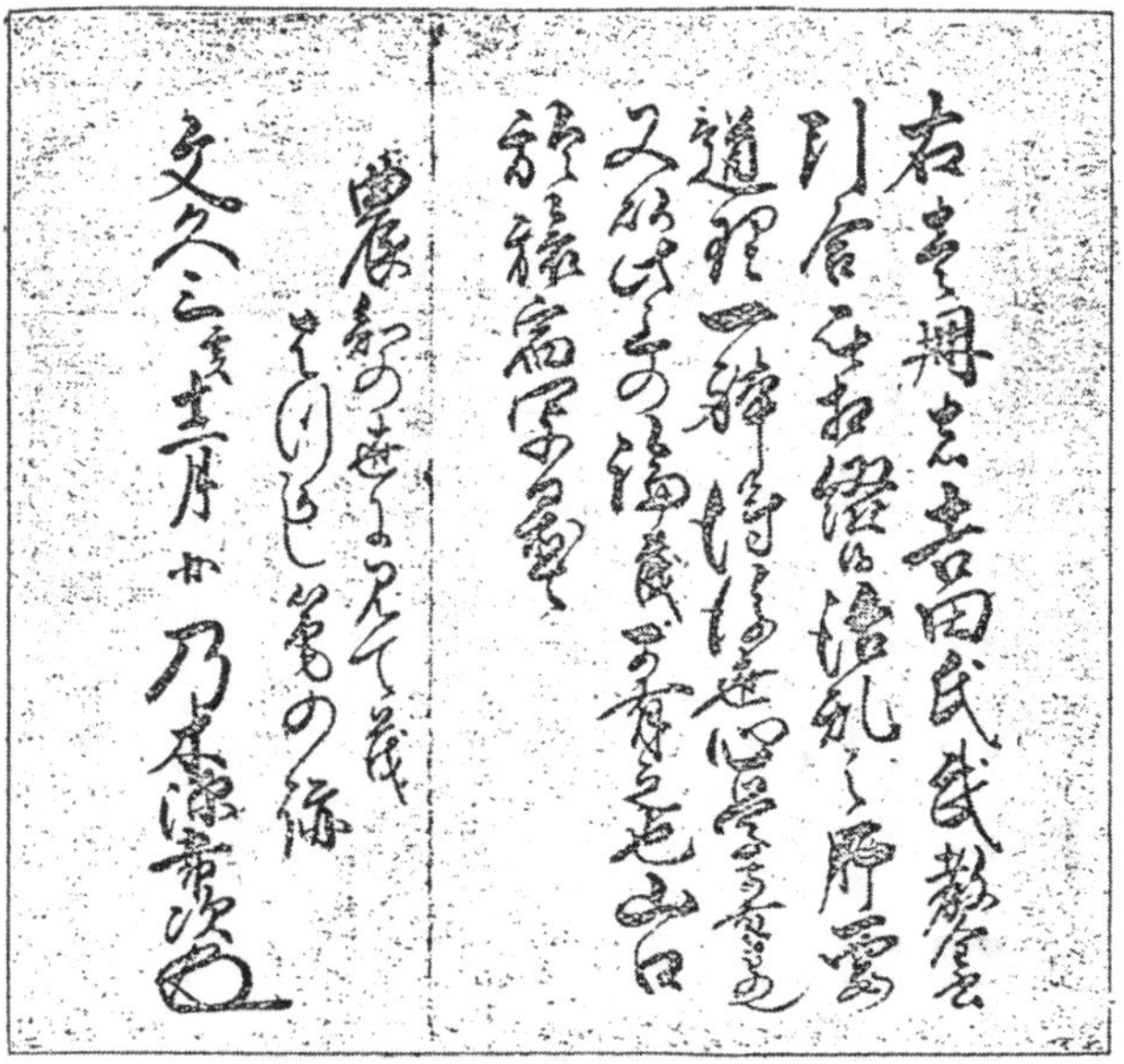

乃木大将厳父真筆縮写（武教講録筆記の終に書されたるもの）

その他先生は、先輩としては村田清風、玉木文之進などがあって、常にその意見議論などを上下されていたようじゃが、これらのことは、世に現れている伝記、記録などによって知られることだから、略することとする。とにかく、前に言う通り、余は残念ながら直接先生にご面会も、ご教訓も受ける機会がなかったため、先生について語るべき材料も至って少ないわけである。ただ余は幼少ながら、父より先生の武教講録その他の謄写を命じられて、始めて先生の、尊崇すべき偉大の人物であるのを感じ、続いて玉木夫婦より、先生を模範として訓戒された言葉の節々は、今日に至るまで、なお心魂に徹して忘れることはできないのである。その後各種先生の著書を読めば読むほど、先生の教訓の尊ぶべきことを感じ、己の魯鈍を嘆するわけであるが、およばずながら先生のご教訓の一端なりと、躬行《きゅうこう》するようにと日常心がけている次第である。そこで先生の著書、直筆などはもとより、亡父の謄写した武教講座のようなものも、家宝として秘蔵しているゆえんである。（筆記）

（明治四一年一〇月一八日発行「日本及日本人　臨時増刊　吉田松陰号」より転載）

附録八　吉田松陰略年譜

広瀬　豊　編

天皇	将軍	元号	年齢	重要事項
仁孝	家斉	天保　元	1	八月四日（陽暦九月二〇日）長門国萩松本村護国山の麓団子岩に生まれる。藩士杉百合之助（禄高二六石）の次男幼名虎之助、のち大次郎、松次郎、寅次郎、名は矩方字は義卿または子義、松陰または二十一回猛士と号す。松野他三郎、瓜中万二は一時の変名、母瀧子、兄梅太郎、妹千代、寿子、艶子、文子、弟敏三郎、叔父玉木文之進。
		五	5	吉田家仮養子、家世々山鹿流兵学師範（禄高五七石六斗）。
		六	6	養父（叔父）大助没、相続、大次郎と改名、杉家に同居す。高弟家学教授を代理す。
	家慶	九	9	教授見習いとして藩校明倫館に出勤。
		一〇	10	藩校に出勤家学を教授す。高弟等後見となる。
		一一	11	藩主毛利慶親（敬親）の前に武教全書を講ず。
		一三	13	玉木文之進松本村新道に住し松下村塾を起こす。松陰入塾す。

		弘化 元	15	一二月二日改元、松陰藩主の前に武教全書および孫子を講ず、賜賞七書直解、外叔久保五郎左衛門隠退村童教授（後年、玉木に襲ぎて松下村塾名を用う）。
		二	16	松陰玉木の松下村塾に在学。この年より国事を憂う。
孝明		三	17	長沼流兵学兼習、玉木の松下村塾に在学。
		四	18	玉木の松下村塾に在学。
		嘉永 元	19	二月二八日改元、高弟の家学後見を止む。杉家松本村清水口に転宅。
		二	20	藩校新築の功により賜賞、海岸視察をなす。羽賀台に操練す。
		三	21	兵学研究のため九州旅行。八月二五日萩発、佐賀・長崎・平戸・熊本を経て、一二月二九日帰る、この間山鹿万介、葉山佐内に師事し、宮部鼎蔵、草場佩川、武富圯南に交わる。
		四	22	正月高弟より山鹿流兵学皆返伝を受ける、藩主松陰より山鹿流兵学皆伝を受ける。兵学研究のため三月五日萩発。四月九日江戸着、安積艮齋・古賀茶渓・山鹿素水・佐久間象山に師事し、鳥山新三郎・長原武・齋藤新太郎・江幡五郎などと交わる。六月一三日宮部とともに房相海備視察。同二二日江戸帰着、兵学実地研究のため東北旅行。一二月一四日亡命江戸発（用猛第一回）。同一九日水戸着、後宮部・江幡来会。

		五	23	一月二〇日水戸発、白河・会津・新潟・佐渡・久保田（秋田）・弘前・青森・盛岡・仙台・米沢を経て、四月五日江戸帰着。この間会沢安・豊田彦二郎・宮本庄一郎・永井芳之助などに交わる。四月一八日江戸発。五月一二日萩着屏居謹慎。一二月九日士籍被奪、改名松次郎。
	家定	六	24	正月改名寅次郎、兵学研究のため諸国旅行。二六日萩発讃岐・摂津・河内・大和・伊勢・美濃・信濃・上野を経て、五月二四日江戸着。この間坂本鼎齋・後藤松陰・森田節齋・谷三山・足代権大夫・齋藤拙堂・水沼久太夫・森伸助などと交わる。五月二五日鎌倉瑞泉寺に叔父竹院を訪う。六月一日江戸帰着。同三日米艦来航につき四日浦賀行。一〇日江戸に帰る。意見上書（用猛第二回）。九月一三日鎌倉行一五日帰府。一八日江戸発長崎に向かう。一〇月二日拝鳳闕詩を作る。二七日長崎着熊本を経て。一一月一三日萩着。二四日ごろ宮部・野口とともに東上。一二月四日京都着、梁川・梅田・森田・鵜飼に交わる。八日発。伊勢に足代・土井・松田を、尾張に秦・奥田・伊藤を訪い、二七日江戸着。
		安政元	25	三月五日金子重輔とともに江戸発神奈川を経て下田に至り。二七日夜実は二八日早晨（陽暦四月二五日午前二時ごろ）米艦に投ず、（用猛第三回）。二八日就縛。四月一五日江戸獄に入る。九月一八日藩邸。二三日江戸発。一〇月二四日萩野山獄に入る。

		二	26	一月士規（初六則後七則）成る。一一日金子獄死。四月一二日獄中孟子開講。一二月一五日免獄杉家に禁錮。
		三	27	四月一五日七生説を書き七生報国の信念披瀝。八月二二日幽室に来たり学ぶ者あり、この日武教全書開講。九月四日久保氏のために松下村塾記を作る。一二月一八日梅田雲浜萩に来る。会見す。著書、武教全書講録、講孟余話（旧名講孟箚記）。
		四	28	一一月一五日松下村塾舎新開（八畳一室）（塾主表面久保氏、実は松陰）塾生日進生徒一〇余名、松陰喜ぶ。
		五	29	一月狂夫之言を作る。二月竹島開拓意見披瀝。三月松下村塾舎増築（一〇畳半）。三四月村塾生須佐塾生と往来互いに励む。三月二〇日勅諭渙発。五月一六日論文、対策及愚論を京都梁川星巌に送り、梁川之を天覧に供す。七月二〇日家学教授許可。二六日塾生数名上京偵察、このころ松下村塾最盛。八月戊午密勅。九月九日水野暗殺策。二七日大原公長門下向策。安政大獄始まる。一〇月赤根武人に伏見毀獄策を授く。一一月六日血盟一七名間部要撃策。二九日厳囚。一二月五日投獄令下る。六日門弟八名謹慎。二六日投獄（用猛第四回）、二九日水戸密使関・矢野来萩。

		六	30	一月一五日大高・平島来萩。二四日絶食。この月清末策。二月二四日門弟野村和作をして要駕策のため脱走させる。二八日門弟入江杉蔵このことに座し入獄。三月五日藩主東勤。二二日野村投獄。五月論文知己難言・庸書檄、著書孫子評註。一四日東送の報至り二四日杉家にて訣別、二五日帰獄萩発（用猛第五回を期す）。六月二四日江戸藩邸着。七月九日江戸伝馬町入獄。一〇月二六日留魂録成る。二七日（陽暦一一月二一日）午前一〇時または正午ごろ獄中にて刑死。二九日小塚原に葬る。

吉田松陰《よしだしょういん》の士規七則《しきしちそく》

平成二五年　五月二〇日　初版第一刷発行

著　者　広瀬　豊

発行者　佐藤今朝夫

発行所　株式会社　国書刊行会

〒一七四―〇〇五六

東京都板橋区志村一―一三―一五

TEL〇三（五九七〇）七四二一

FAX〇三（五九七〇）七四二七

http://www.kokusho.co.jp

印刷・製本　中央精版印刷株式会社

落丁本・乱丁本はお取替え致します。

ISBN 978-4-336-05680-1